Reiner Backer

Windows 8
Troubleshooting und Tipps

VRB Verlag Reiner Backer

Impressum

VRB Verlag Reiner Backer

Eingetragen: Amtsgericht Aichach/Friedberg

Autor und Herausgeber: Reiner Backer

Bezug: Amazon

Erstauflage

Druck: Amazon Independent Publishing

Verlagsadresse:
VRB Verlag Reiner Backer
Zugspitz 6
86438 Kissing
E-Mail: info-vrb@web.de

Die Beiträge in Windows 8 – Troubleshooting und Tipps wurden mit Sorgfalt recherchiert und überprüft. Sie basieren jedoch auf der Richtigkeit uns erteilter Auskünfte und unterliegen Veränderungen. Daher ist eine Haftung – auch für telefonische Auskünfte – ausgeschlossen.

Vorwort

Liebe Leserin,

lieber Leser,

bei System-Störungen hilft nur eines:
Ausgewählte Schritt-für-Schritt-Anleitungen
und professionelle Reparatur-Funktionen, mit
denen Sie Ihr System schnell wiederherstellen
können. Denn wenn Windows 8 den Dienst
verweigert, kommen Sie nicht mehr an Ihre
E-Mails und ins Internet – das ist der reinste
Stress, besonders wenn Sie beruflich auf Ihren
PC angewiesen sind.

Autor und Herausgeber von Windows 8 – Troubleshooting und Tipps

Die passenden Diagnose- und Reparatur-
Anleitungen, um Windows 8 im Notfall schnell wieder herzustellen,
finden Sie in diesem Buch. Damit sind Sie im Fehlerfall sofort in der
Lage, Ihr System zu reparieren und wichtige Daten zu retten - selbst bei
einem Totalausfall der Festplatte.

Wussten Sie beispielsweise, dass es von Microsoft kostenlose Skripts
gibt, mit deren Hilfe Sie System-Störungen von Windows 8 automatisch
beheben können?

Ob Sie eine Fehlermeldung beseitigen, Konfigurationseinstellungen
ändern oder andere Probleme lösen möchten, **Microsoft Fix it** bietet
viele Lösungen an, die ganz leicht automatisch ausgeführt werden
können, ohne dass Sie manuell eingreifen müssen.

1. Suchen Sie mit Google (www.google.de) und der Suchanfrage
   Microsoft Fix it nach der Microsoft-Hilfe.

2. Klicken Sie auf den Link **Microsoft Fix it-Supportcenter**.

3. Im oberen Bereich wählen Sie das ➊ Produkt aus, welches ein
   Problem bereitet.

4. Unterhalb bekommen Sie eine ❷ Liste mit Lösungen angezeigt. Aktivieren Sie die passende Lösung mit einem Klick auf **Jetzt starten**.

5. Sie erhalten dann zur Beseitigung des Fehlers meist eine .MSI-Datei zum Download angeboten. Diese Datei können Sie entweder erst speichern oder direkt per Ausführen nach dem Download starten lassen.

6. Folgen Sie dann den Anweisungen des Assistenten.

Lösen Sie System-Störungen mit den Reparatur-Skripts von Microsoft.

Kostenlose Hotline per E-Mail

Sollten Sie Ihr Windows 8-Problem nicht mit den in diesem Buch beschriebenen Schritt-für-Schritt-Anleitungen und Tools lösen können, stehen Ihnen mein Team und ich zur Seite. Als Privatperson erhalten Sie kostenlose E-Mail-Hotline bei Windows 8-Störungen. Senden Sie Ihr Windows 8-Problem per E-Mail an info-vrb@web.de

Herzlichst

Ihr Reiner Backer

Autor und Herausgeber von Windows 8 – Troubleshooting und Tipps

Inhaltsverzeichnis

Fehlerlösungen & Reparaturen mit Bordmitteln von Windows 8

Wenn Ihr System nicht mehr startet oder regelmäßig abstürzt, sind die Windows-eigenen Systemfunktionen oft die letzte Rettung. Denn im abgesicherten Modus ist ein Start meist immer noch möglich. Anschließend können Sie Ihr System beispielsweise mit der Systemwiederherstellung in einen stabilen Zustand zurücksetzen.

Sichern Sie Ihr komplettes System

Wer selbst schon einmal mit defekten Festplatten zu kämpfen hatte weiß, wie viel Arbeit es macht, das Betriebssystem samt allen Programmen neu zu installieren. Wesentlich zeitsparender lässt sich dies erledigen, wenn Sie regelmäßig Festplatten-Abbilder Ihres Systems erstellen. Nach einem Festplattencrash genügt es dann, eine neue Festplatte einzubauen, das Abbild zurückzuspielen und alles funktioniert wie vorher.

So sind Sie im Schadensfall in der Lage, die vorher in der Image-Datei gesicherten Daten, Programme und das Betriebssystem einfach wieder zurückzuspielen. Das funktioniert auch, wenn Windows beschädigt wurde oder wenn Ihre Festplatte komplett den Dienst verweigert.

So erstellen Sie ein Abbild Ihrer Festplatte

In Windows 8 ist ein Backup-Imaging-Tool enthalten. Damit können Sie per Klick eine exakte Kopie Ihrer Festplatte erstellen. Im Ernstfall stellen Sie dann Ihr System und alle Ihre Daten und Programme einfach mit dem Image wieder her. Bei einem komplexen System mit 200 GByte belegtem Speicherplatz dauert das zwar auch ungefähr drei Stunden. Das Wiederaufspielen Ihrer Anwendungen und Daten läuft aber vollautomatisch ab, ohne dass Sie etwas tun müssen.

Tipp! Speichern Sie das Image auf einer externen USB-Festplatte. Damit sind Sie im Fall eines Festplattendefekts abgesichert und können Ihr System schnell wiederherstellen. Alternativ können Sie auch mehrere DVDs erstellen oder einen USB-Stick einsetzen.

1. Drücken Sie die Tastenkombination **<WIN>**+ **<X>** und wählen Sie den Eintrag ➊ **Systemsteuerung** aus. Wenn Sie sich auf dem Desktop befinden, können Sie alternativ den Startknopf mit der rechen Maustaste anklicken.

Aktivieren Sie das abgespeckte Startmenü von Windows 8.

2. Geben Sie rechts oben im Suchfeld den ➋ Begriff **Dateiversionsverlauf** ein.

3. Klicken Sie auf den gleichnamigen ➌ Eintrag.

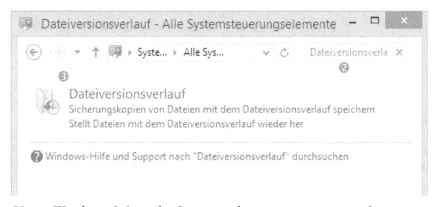

Unter Windows 8.1 ist die Systemsicherung etwas versteckt.

4. Wählen Sie im linken Fensterteil ➍ **Systemabbildsicherung** bzw. **Systemabbild erstellen**.

5. Im Folgenden können Sie wählen, ob Sie auf eine ➎ Festplatte, auf DVDs oder auf eine Netzwerkfreigabe das Abbild der Festplatte speichern wollen.

Legen Sie eine exakte Kopie Ihrer Festplatte an.

6. Bestätigen Sie Ihre Auswahl mit einem Klick auf **Weiter** und wählen Sie aus, welche ⑥ Laufwerke gesichert werden sollen.

7. Klicken Sie anschließend auf **Weiter** und **Sicherung starten**.

Starten Sie den Sicherungsvorgang.

8. Lassen Sie sich abschließend mit einem Klick auf **Ja** noch eine startfähige CD erstellen. Über diese CD können Sie das System auch beim Ausfall Ihrer Festplatte zurücksichern.

Setzen Sie Windows auf den zuletzt funktionierenden Zustand zurück

Wer kennt das nicht, irgendwann kommt es bei Windows aufgrund einer Installation oder eines Absturzes zu Fehlermeldungen oder es wird instabil. Jetzt würde es helfen, die letzte Aktion vor dem Auftreten der Fehler wieder rückgängig zu machen. Was den Fehler verursacht hat, ist jedoch nicht immer klar.

Für solche Fälle stellt Ihnen Windows 8 die Systemwiederherstellung zur Verfügung. Damit können Sie Ihr System bei Störungen oder sonstigen Problemen schnell in den Zustand zurücksetzen, den er vor dem Auftreten des Problems hatte. Windows 8 verwendet hierfür zuvor gesicherte Betriebssystemeinstellungen inklusive der dazugehörigen Treiber und Dateien.

- Bei jedem Update Ihres Systems oder eines Hardware-Treibers erstellt Windows 8 automatisch einen Wiederherstellungspunkt. Voraussetzung ist, dass genügend Speicherplatz auf der Festplatte zur Verfügung steht und die Systemwiederherstellung nicht deaktiviert ist.

- Ein Wiederherstellungspunkt wird darüber hinaus auch bei der Installation von Software-Komponenten angelegt, wenn diese Veränderungen an den Systemdateien oder -einstellungen durchführen. Das ist beispielsweise bei einem Update oder Sicherheitspatch von Windows 8 der Fall.

Richten Sie einen Wiederherstellungspunkt ein

Im Fehlerfall können Sie also mit der Systemwiederherstellung Änderungen an Ihrem System rückgängig machen. Die gesicherte Konfiguration wird wiederhergestellt und alles ist wieder so, wie es vor der Änderung war. Deshalb sollten Sie als Erstes einen Wiederherstellungspunkt manuell einrichten. Gehen Sie dazu folgendermaßen vor:

1. Wechseln Sie mit einem Klick auf die ❶ **Desktop**-Kachel auf den Windows-Desktop.

*Klicken Sie auf der Startseite auf die **Desktop**-Kachel.*

2. Drücken Sie die Tastenkombination **<WIN>+<X>** oder klicken Sie den Startknopf mit der rechen Maustaste an.

3. Wählen Sie den ❷ Eintrag **Systemsteuerung**.

4. Wählen Sie unter **Anzeige** den Eintrag **Große Smbole** aus.

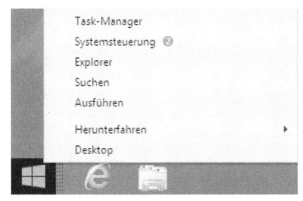

Aktivieren Sie die Systemsteuerung.

5. Klicken Sie auf **System** und im linken Fensterteil auf den ❸ Link
Computerschutz.

*Wählen Sie den Link **Computerschutz** aus.*

6. Anschließend können Sie die Datenträger auswählen, die in die
Systemwiederherstellung einbezogen werden sollen. Belassen Sie es
am besten bei der Voreinstellung.

7. Sollte der Schutz für das betreffende Laufwerk deaktiviert
sein, klicken Sie auf **Konfigurieren** und wählen die Option
Computerschutz aktivieren.

8. Um einen Wiederherstellungspunkt anzulegen, klicken Sie jetzt auf
die ❹ Schaltfläche **Erstellen....**.

Bereiten Sie für den Notfall einen manuellen Wiederherstellungspunkt
vor.

9. Geben Sie einen ⑤ Namen für den Wiederherstellungspunkt ein.

10. Klicken Sie auf **Erstellen**. Der Wiederherstellungspunkt wird nun erstellt und damit eine Momentaufnahme Ihres Systems gespeichert.

Vergeben Sie einen sprechenden Namen.

Bei einem Problem oder im Schadensfall können Sie jetzt Ihr System in einen früheren, funktionierenden Zustand zurückversetzen.

1. Aktivieren Sie die **Systemsteuerung** und wählen Sie unter **Anzeige** den Eintrag **Große Symbole** aus.

2. Klicken Sie auf **System** und im linken Fensterteil auf den Link **Computerschutz**.

3. Klicken Sie auf die ⑥ Schaltfläche **Systemwiederherstellung** und auf **Weiter**.

Aktivieren Sie die Systemwiederherstellung.

4. Wenn Sie die letzte Aktualisierung rückgängig machen möchten, können Sie die Option **Empfohlene Wiederherstellung** beibehalten.

Wenn Sie den Wiederherstellungspunkt selbst wählen möchten, klicken Sie auf die Option **Anderen Wiederherstellungspunkt auswählen**. Klicken Sie dann auf den gewünschten ❼ Wiederherstellungspunkt und betätigen Sie die Schaltfläche **Weiter**.

5. Bestätigen Sie Ihre Auswahl durch einen Klick auf **Fertig stellen**.

6. Ihr System wird anschließend neu gestartet und in dem vorher gewählten funktionierenden Zustand wiederhergestellt.

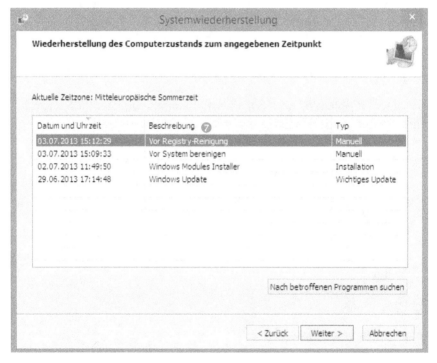

So setzen Sie Ihr System mit wenigen Mausklicks auf einen stabilen Zustand zurück.

Aktivieren Sie den abgesicherten Modus

Wenn Windows beim Systemstart plötzlich einfriert oder sich mit einem Bluescreen verabschiedet, ist der abgesicherte Modus oft die letzte Rettung. Denn nach dem Start im abgesicherten Modus nehmen Sie die notwendigen Korrekturen in den Windows-Einstellungen vor und bringen Ihr System dadurch wieder zum Laufen. Im abgesicherten Modus startet Ihr System nur mit den Treibern, Diensten und Prozessen, die für einen Minimalbetrieb von Windows unbedingt notwendig sind.

Dazu zählen die Treiber für Maus, Monitor, Tastatur, Festplatte, die Grundeinstellungen für die Grafikfunktion sowie die Standardsystemdienste. Insbesondere nach der fehlerhaften Installation von neuen Geräten, Treibern oder Software startet Windows automatisch im abgesicherten Modus.

Setzen Sie den abgesicherten Modus bei folgenden Problemen ein:

- Windows reagiert nicht auf Eingaben bzw. „friert" ein.
- Es treten Fehler während der Arbeit auf, z. B. STOP-Fehler.
- Nach einer Konfigurationsänderung oder Installation von neuer Hardware startet das System nicht mehr.
- Die Bildschirmausgabe ist fehlerhaft.

So starten Sie Ihr System in den abgesicherten Modus

Den abgesicherten Modus können Sie unter Windows 8 wie folgt aktivieren:

1. Um Windows 8 gezielt im abgesicherten Modus zu starten, drücken Sie beim Systemstart die Tasten <**Shift**>+<**F8**>. Die Bootzeiten von Windows 8 sind sehr schnell und daher klappt dieser Schritt oft erst nach ein paar Versuchen.

2. Sollte Windows 8 noch starten, können Sie den abgesicherten Modus auch über die Systemkonfiguration aktivieren.

3. Drücken Sie dazu die Tastenkombination <**WIN**>+<**R**>. Geben Sie ➊ **msconfig** ein und bestätigen Sie mit der Schaltfläche **OK**.

Aktivieren Sie die Eingabeaufforderung.

4. Im Register **Start** aktivieren Sie die ❷ Option **Abgesicherter Start**
und aktivieren das System neu.

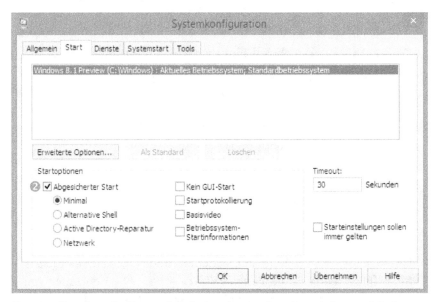

Starten Sie über die Systemkonfiguration in den abgesicherten Modus.

5. Drücken Sie im abgesicherten Modus die Tastenkombination
<WIN>+<X> und wählen Sie den Eintrag **Systemsteuerung** aus.

6. Geben Sie in das Suchfeld den ❸ Text **problem** ein und wählen Sie
den ❹ passenden Link aus.

Alle Funktionen von Windows 8 stehen natürlich auch im abgesicherten Modus zur Verfügung.

7. Sollte die obige Problembehandlung keine Lösung bieten, können Sie auch die erweiterten Tools einsetzen. Drücken Sie dazu die Tastenkombination **<WIN>+<I>** und klicken Sie auf die **Ein-/Aus**-Schaltfläche. Halten Sie die Taste **<Shift>** gedrückt und klicken Sie auf **Neu starten**.

8. Klicken Sie dann auf ❺ **Problembehandlung** und beispielsweise auf **PC auffrischen**. Anschließend wird das System nach Fehlern durchsucht und automatisch repariert.

Setzen Sie die Rettungsfunktionen von Windows 8 ein.

9. Sollte das Problem noch nicht beseitigt sein, klicken Sie auf **Erweiterte Optionen**.

10. Wählen Sie dort beispielsweise die ⊜ **Starthilfe**, um Probleme zu beheben, die das Laden von Windows verhindern.

So stellen Sie Windows 8 mit wenigen Mausklicks wieder her.

Hinweis: Damit Sie beim Systemstart bequem im abgesicherten Modus starten können, gibt es einen Trick. Mit diesem können Sie das Bootmenü wie von den Vorgängerversionen von Windows gewohnt mit <F8> aktivieren:

1. Drücken Sie die Tastenkombination <**WIN**>+<**X**>.

2. Wählen Sie aus dem Menü den ⊘ Eintrag **Windows PowerShell (Administrator)**.

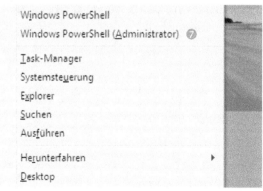

Aktivieren Sie die Eingabeaufforderung mit erweiterten Rechten.

3. Bestätigen Sie die Sicherheitsabfrage der Benutzerkontensteuerung mit einem Klick auf **Ja**.

4. Geben Sie die beiden folgenden ❽ Befehle ein:

cd \ <Return>

bcdedit /set {default} bootmenupolicy legacy <Return>

So aktivieren Sie den abgesicherten Modus wie gewohnt.

5. Schließen Sie die Eingabeaufforderung. Anschließend lässt sich das Startmenü des abgesicherten Modus beim Starten wieder per <**F8**> aktivieren.

Die erweiterten Windows-Startoptionen zur Auswahl des abgesicherten Modus.

Prüfen Sie Ihre Festplatte auf Fehler

Bei undefinierbaren und überraschenden Plattenproblemen sollten Sie zuerst zu Software-Tools greifen. Windows bietet Ihnen für diesen Fall die Datenträgerüberprüfung. Um diese zu aktivieren, gehen Sie folgendermaßen vor:

1. Schließen Sie alle Programme und Dateien und starten Sie den Windows-Explorer (**<WIN>+<E>**).

2. Klicken Sie im Windows-Explorer mit der rechten Maustaste auf das Symbol des Laufwerks, das Sie auf Fehler überprüfen möchten. Aus dem Kontextmenü wählen Sie den ❶ Eintrag **Eigenschaften**.

Aktivieren Sie die Datenträgerüberprüfung über den Windows-Explorer.

3. Wählen Sie das ❷ Register **Tools** und klicken Sie auf ❸ **Prüfen**.

Starten Sie die Datenträgerüberprüfung.

4. Klicken Sie auf den ❹ Link **Laufwerk scannen**.

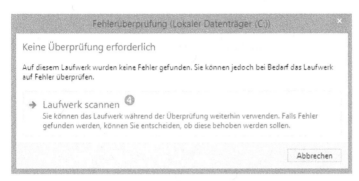

Checken Sie Ihr Dateisystem auf Fehler und lassen Sie diese automatisch reparieren.

5. Während der ❺ Überprüfung des Laufwerks können Sie weiterarbeiten. Falls Fehler im Dateisystem entdeckt werden, können Sie diese automatisch reparieren lassen.

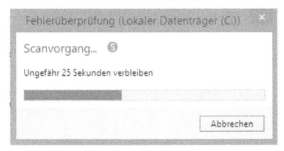

Je nach Festplattengröße kann der Test ca. 5 Minuten dauern.

Tipp! Sollten jetzt immer noch Fehler im Dateisystem angezeigt werden, führen Sie den **chkdsk**-Befehl aus. Dieses Kommandozeilen-Tool bietet umfangreiche Möglichkeiten zur Prüfung einer Festplatte.

1. Drücken Sie <WIN>+<X> und wählen Sie den Eintrag **Windows PowerShell (Administrator)**.

2. Geben Sie den **chkdsk**-Befehl ggf. mit dem Laufwerksbuchstaben ein: **chkdsk c:** und bestätigen Sie mit <Return>. Wenn Sie den Laufwerksbuchstaben nicht angeben, wird voreingestellt die Festplatte C: untersucht.

Reparieren Sie die Systemdateien von Windows 8

Wenn wichtige Systemdateien von Windows 8 beschädigt werden, geht gar nichts mehr. Beim Hochfahren erscheinen Fehlermeldungen, wichtige Programme starten nicht mehr. Schuld sind defekte Systemdateien, die beispielsweise von anderen Programmen oder Tools beschädigt wurden. Die gute Nachricht: Die Systemdateien können Sie ganz schnell wiederherstellen.

So stellen Sie die Systemdateien wieder her

Die Systemdateien können Sie unter Windows 8 nur mit Administrator-Rechten in der Eingabeaufforderung wiederherstellen. Folgen Sie dazu der nachfolgenden Schritt-für-Schritt-Anleitung:

1. Drücken Sie die Tastenkombination **<WIN>+<X>**.

2. Wählen Sie im Menü den ❶ Eintrag **Windows PowerShell (Administrator)**.

Aktivieren Sie die Eingabeaufforderung mit erweiterten Rechten.

3. Geben Sie den ❷ Befehl **sfc /scannnow** und bestätigen Sie mit der Taste **<Return>**.

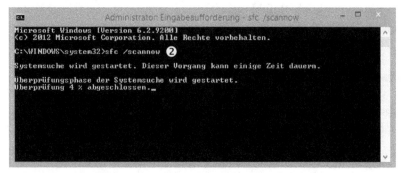

Starten Sie die Überprüfung der Systemdateien.

Lösen Sie Netzwerkprobleme

Bei den meisten Problemen im Zusammenhang mit Netzwerk-
verbindungen sollten Sie zunächst das in Windows 8 integrierte
Netzwerkdiagnoseprogramm starten, um die Ursache des Problems zu
identifizieren.

So beseitigen Sie Verbindungs-Störungen mit der Netzwerkdiagnose

Um Störungen im Netzwerk zu beseitigen, folgen Sie der nachfolgenden
Schritt-für-Schritt-Anleitung:

1. Drücken Sie die Tastenkombination **<WIN>+<X>** und wählen Sie
   den Eintrag **Systemsteuerung** aus.

2. Wählen Sie unter **Anzeige** den Eintrag **Kategorie**.

3. Klicken Sie auf **System und Sicherheit – Wartungscenter**.

4. Wählen Sie den ❶ Link **Problembehandlung**.

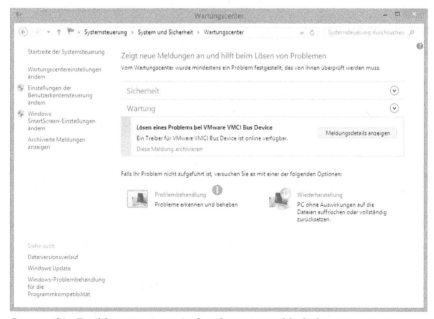

Lassen Sie Probleme automatisch erkennen und beheben.

5. Klicken Sie im folgenden Fenster unter **Netzwerk und Internet** auf den ➋ Link **Verbindung mit dem Netzwerk herstellen**.

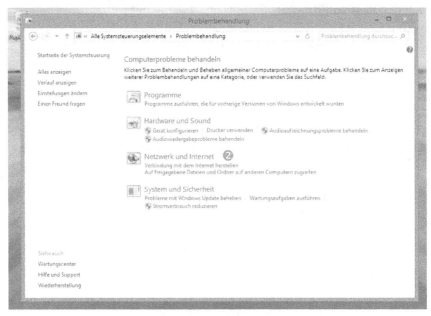

Mit der Netzwerkdiagnose finden Sie den Fehler schnell.

6. Klicken Sie im nächsten Fenster auf ➌ **Weiter**. Nun sammelt die Netzwerkdiagnose Konfigurationsinformationen und führt wenn möglich eine automatische Fehlerbehebung für die Netzwerkverbindung durch.

Folgen Sie dem Assistenten zur Lösung des Problems.

Testen Sie verschiedene Startoptionen

Wenn Sie beim Systemstart eine eindeutige Fehlermeldung erhalten, kennen Sie den Verursacher des Problems. Sofern der Start in den abgesicherten Modus noch möglich ist, können Sie die Systemstörung meist ganz einfach beheben. Oft reicht dazu schon die Aktualisierung eines Treibers.

Manchmal friert das System beim Start jedoch ein und Sie erhalten keine Anhaltspunkte über die Ursache. Dann müssen Sie zuerst herausfinden, wodurch der Fehler ausgelöst wurde. Führen Sie dazu verschiedene benutzerdefinierte Systemstarts mit dem Systemkonfigurations-Programm aus.

Setzen Sie das Systemkonfigurations-Programm ein

So führen Sie verschiedene benutzerdefinierte Systemstarts aus:

1. Drücken Sie die Tastenkombination **<WIN>+<R>**.

2. Geben Sie den Befehl **msconfig** ein und bestätigen Sie mit **<Return>**.

3. Aktivieren Sie auf dem ❶ Register **Allgemein** die ❷ Option **Benutzerdefinierter Systemstart** und wählen Sie aus, was beim Systemstart abgearbeitet werden soll.

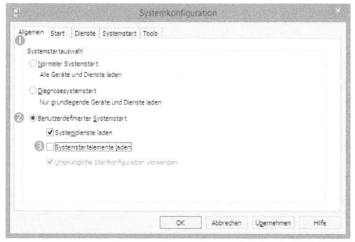

Bestimmen Sie, was beim Systemstart ausgeführt werden soll.

4. Wenn bei den anschließenden Schritten der Fehler ausgelöst wird, wissen Sie, wo Sie suchen müssen. Tritt die Störung beispielsweise nach der Deaktivierung der ❸ Option **Systemstartelemente laden** (siehe vorherige Seite) auf, klicken Sie auf das Register **Systemstart** und auf den Link **Task-Manager öffnen**.

5. Klicken Sie auf das Register **Autostart** und deaktivieren Sie der Reihe nach die ❹ Programme, bis der Fehler nicht mehr auftritt.

Schalten Sie unter Windows 8 die Autostart-Programme im Task-Manager ab.

6. Wenn Sie den Fehler beseitigt haben, aktivieren Sie wieder die ❺ Option **Normaler Systemstart**.

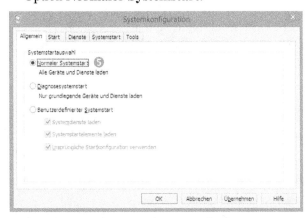

Lassen Sie Windows wieder normal starten.

Tipp! Programme, die Windows beim Start automatisch lädt, aber von Ihnen dann nicht genutzt werden, sind überflüssig und verlangsamen die Boot-Zeit beträchtlich. Schauen Sie sich die Liste doch einmal näher an und deaktivieren Sie die überflüssigen Programme. Anschließend wird Ihr System schneller starten.

Sichern Sie das System-Passwort und setzen Sie ein vergessenes Kennwort wieder zurück

Niemand ist davor sicher, ein wichtiges Kennwort plötzlich zu vergessen. Erstellen Sie deshalb ein Kennwortrücksetzmedium. Windows 8 besitzt dafür eine nützliche Funktion, die es Ihnen erlaubt, ein vergessenes Kennwort wiederherzustellen.

So sichern Sie das System-Passwort und stellen Sie es im Notfall wieder her

Windows 8 beinhaltet eine bequeme Funktion, die es Ihnen erlaubt, Ihr Kennwort zu speichern und im Notfall wiederherzustellen:

1. Um das System-Kennwort zu sichern, drücken Sie **<WIN>+<X>** und wählen aus dem Menü den Eintrag **Systemsteuerung**.

2. Geben Sie oben rechts im **Suchen**-Feld den ❶ Text **kennwort** ein.

3. Klicken Sie unter Benutzerkonten auf den ❷ Link **Kennwortrücksetzdiskette erstellen**.

4. Folgen Sie dann den ❸ Anweisungen des Assistenten.

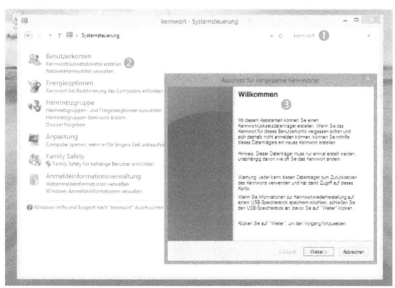

Speichern Sie das System-Kennwort auf einen externen Datenträger.

Hinweis: Für das Sichern brauchen Sie keine Diskette, die Sicherung erfolgt auf jeden gewünschten Datenträger.

Im Notfall setzen Sie das System-Passwort wie folgt zurück: Wenn Sie bei der Anmeldung ein falsches Kennwort eingeben, bekommen Sie einen entsprechenden Hinweis angezeigt. Bestätigen Sie diesen mit einem Klick auf **OK**. Klicken dann auf **Kennwort zurücksetzen** und legen Sie den Kennwortrücksetzdatenträger ein. Den Rest erledigt wieder der Assistent und hilft Ihnen, ein neues Kennwort zu erstellen.

Tipp! Wie sicher Ihr Passwort ist, hängt in erster Linie von dessen Länge ab. Wenn Sie ein zu kurzes oder zu einfaches Passwort benutzen, machen Sie es Angreifern unnötig leicht, an Ihre Daten heranzukommen. Leider beachten das die meisten Anwender nicht. Nachfolgend finden Sie die zehn in Deutschland beliebtesten Passwörter.

- Platz Nr. 1: Einfache Zahlenkombinationen, wie 12345.
- Platz Nr. 2: Zahlenkombinationen, die an ein Produkt erinnern, wie 4711, 911, X5, A6.
- Platz Nr. 3: Das Wort Passwort selbst.
- Platz Nr. 4: Kosenamen wie Schatz.
- Platz Nr. 5: Das Wort Baby.
- Platz Nr. 6: Jahreszeiten wie Sommer und Winter.
- Platz Nr. 7: Das Wort Hallo.
- Platz Nr. 8: Namen von Großstädten, wie Berlin, Frankfurt oder München.
- Platz Nr. 9: Der eigenen Vornamen.
- Platz Nr. 10: Der Vorname der Frau/Freundin.

Die Passwortlänge sollten mindestens 8 Zeichen, besser 12 betragen. Sie sollten sämtliche Wörter vermeiden um so genannte lexikalische Angriffe zu erschweren. Bei diesen Angriffen werden einfach alle Einträge eines Wörterbuchs ausprobiert, bis das richtige gefunden wird.

Am Einfachsten können Sie sich lange Passwörter merken, in dem Sie diese aus den Anfangsbuchstaben eines Liedtextes oder Satzes aufbauen.

Analysieren und beseitigen Sie Systemstörungen mit Informationen der Ereignisanzeige

Wenn Windows lange braucht, bis es vollständig gestartet ist, kann das verschiedene Gründe haben. Auf jeden Fall sollten Sie prüfen, ob es irgendwelche Probleme beim Systemstart gibt.

Setzen Sie die Ereignisanzeige zur Fehlersuche ein

Dazu gibt es mit der Ereignisanzeige ein praktisches Diagnose-Tool, das Sie unter Windows 8 wie folgt aktivieren:

1. Drücken Sie die Tastenkombination **<WIN>+<X>** und wählen den Eintrag **Systemsteuerung**.

2. Wählen Sie **System und Sicherheit – Verwaltung** und doppelklicken Sie auf den ❶ Eintrag **Ereignisanzeige**.

Tipp! Alternativ können Sie die Ereignisanzeige durch die Tasten-kombination **<WIN>+<R>** und der Eingabe von **eventvwr.msc <Return>** starten.

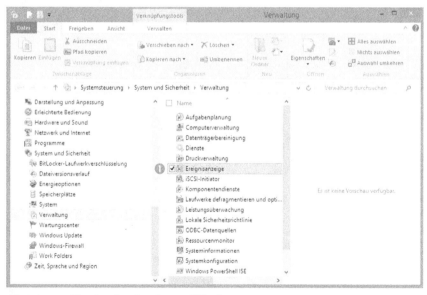

Aktivieren Sie das Logbuch von Windows.

3. Wählen Sie im linken Fenster unter **Windows-Protokolle** aus, welche ❷ Ereignisse angezeigt werden sollen. In den Windows-Protokollen werden Ereignisse von Anwendungen sowie Ereignisse, die das gesamte System oder die Sicherheit betreffen, gespeichert.

- **Anwendung**: Das Anwendungsprotokoll registriert alle Ereignisse, die von Programmen und Tools ausgelöst werden. Zu einem Datenbankprogramm könnte hier beispielsweise ein Dateifehler aufgezeichnet sein.

- **Sicherheit**: Das Sicherheitsprotokoll speichert sicherheitsrelevante Ereignisse. Dazu gehören erfolgreiche oder fehlgeschlagene Anmeldungen.

- **Installation**: Hier finden Sie alle Ereignisse, die beim Einrichten von Hard- und Software ausgelöst wurden.

- **System**: Im Systemprotokoll finden Sie Ereignisse, die von den Windows-Systemkomponenten protokolliert wurden. Hier werden beispielsweise Fehler beim Laden eines Gerätetreibers oder Startfehler aufgezeichnet.

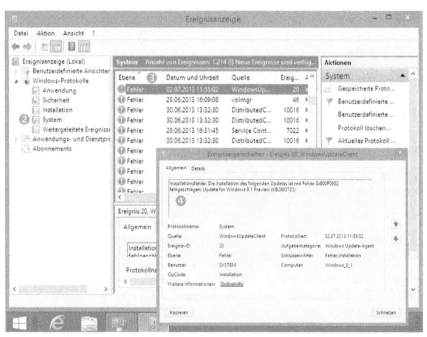

Die Ereignisanzeige von Windows 8.

4. Um detailliertere Informationen zu einem Eintrag zu erhalten, doppelklicken Sie im rechten Fensterteil auf das betreffende ❸ Ereignis.

5. Anschließend werden Ihnen ❹ in einem separaten Fenster genauere Hinweise zum jeweiligen Ereignis angezeigt.

6. Im rechten Fensterteil finden Sie die ❺ Spalte **Ebene**. Hier werden folgende Ereignistypen unterschieden:

- **Fehler**: Ein Fehler wird protokolliert, wenn ein signifikantes Problem aufgetreten ist. Das ist beispielsweise der Fall, wenn ein Dienst beim Systemstart nicht geladen werden kann, ein Programm nicht startet oder unerwartet beendet wird.

- **Warnung**: Eine Warnung meldet ein möglicherweise unbedeutendes Ereignis, das aber auf ein potenzielles Problem hinweist. Eine Warnung wird z. B. protokolliert, wenn nur noch wenig freier Festplattenspeicher zur Verfügung steht.

- **Information**: Eine Information begleitet ein Ereignis wie z. B. den Start, das Beenden oder die erfolgreiche Ausführung einer Anwendung, eines Treibers oder eines Dienstes.

Tipp! Sie können sich die Ereignisse auch sortieren lassen. Klicken Sie beispielsweise auf **Ebene**, um sich am Anfang der Liste alle Fehler anzeigen zu lassen. Wenn Sie auf ❻ **Quelle** klicken, werden Ihnen die Ereignisse nach dem Auslöser sortiert aufgelistet.

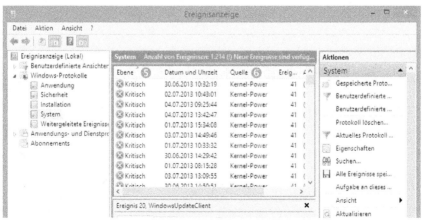

Sortieren Sie die angezeigten Ereignisse.

So kommen Sie über die Ereigniseigenschaften dem Fehler auf die Spur

Um weitere Informationen zu einer Meldung zu erhalten, doppelklicken Sie im rechten Fensterteil auf das betreffende Ereignis. Anschließend werden Ihnen die Ereigniseigenschaften angezeigt.

In der folgenden Tabelle finden Sie die häufigsten Ereigniseigenschaften.

- **Fehlermeldung**: Hier wird Ihnen die ❶ Fehlermeldung angezeigt. Für eine erste Fehleranalyse sollten Sie die angezeigte Meldung oder einen aussagefähigen Teil davon kopieren und danach in einem Suchdienst wie www.google.de recherchieren.

- **Quelle**: Die ❷ Software, die das Ereignis protokolliert hat. Hierbei kann es sich um den Namen einer Anwendung handeln oder um eine Komponente des Systems bzw. eines Treibers.

- **Ereignis-ID**: ❸ Eine Zahl, die den jeweiligen Ereignistyp angibt.

- **Ebene**: Eine Einteilung auf der Grundlage der Wichtigkeit des Ereignisses: ❹ Fehler, Warnung und Information.

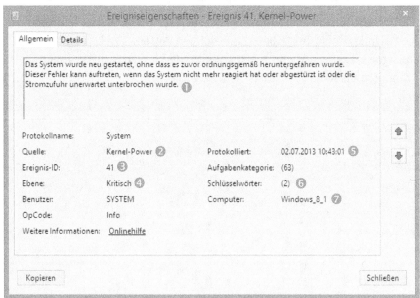

Beachten Sie die Informationen aus den Ereigniseigenschaften.

- **Protokolliert**: Das lokale ⑤ Datum und die Uhrzeit, wann das Ereignis aufgetreten ist.

- **Schlüsselwörter**: Eine Reihe von ⑥ Kategorien oder Tags, die Sie zum Filtern oder Suchen von Ereignissen verwenden können.

- **Computer**: Der ⑦ Name des PCs, auf dem das Ereignis eingetreten ist.

Verwenden Sie die Ereigniskennung als Schlüssel zur Fehlerbeseitigung

Konnten Sie durch Internetrecherchen den Fehler nicht identifizieren, versuchen Sie, die Systemstörung über die Ereignis-ID zu analysieren. Zu jedem Eintrag im Fehlerprotokoll gibt es eine Ereignis-ID (siehe Punkt ❸).

1. Sie können nach dieser Ereignis-ID in der Microsoft Knowledgebase suchen. Geben Sie den ❽ Text **Ereignis-ID** mit der dazugehörenden Nummer in das Suchfeld ein und klicken Sie auf die **Suchen**-Schaltfläche.

Suchen Sie unter www.microsoft.de nach Informationen zur angezeigten Ereignis-ID.

2. Alternativ verwenden Sie die von der Firma Altair bereitgestellte Internetseite www.eventid.net.

3. Geben Sie dort die Ereignis-ID in das ⑨ Feld **Event ID** ein und klicken Sie auf **Search**.

4. Wollen Sie zusätzlich zur Ereignis-ID auch noch nach der Quelle suchen, geben Sie hier unter **Event-Source** die Fehlerquelle ein, so wie Sie im Protokoll genannt wurde.

5. Die Datenbank wird dann durchsucht und Ihnen werden alle zur Kennung gemeldeten Ergebnisse angezeigt.

Hier finden Sie viele Informationen über die Ereigniskennung – leider nur in englischer Sprache.

Tipp! Seit kurzem gibt es die Internetseite ⑩ www.fehlercodes.com. Dort können Sie nach vielen Fehlermeldungen und Kennungen suchen und erhalten Lösungen sowie Kommentare in deutscher Sprache.

Diese Internetseite liefert Informationen über Ereignis-IDs.

So können Sie den Zugriff auf die Ereignisanzeige beschränken

Normalerweise können alle Anwender auf die Informationen in der Ereignisanzeige zugreifen. Da hier aber viele Programme wesentliche Informationen ablegen, kann das ein Sicherheitsproblem darstellen. Sie können daher den Zugriff in der Systemsteuerung beschränken. Und das geht so:

1. Starten Sie den Registrierungseditor über **<WIN> +<R>** und der Eingabe von **regedit**. Klicken Sie dann auf **OK** oder betätigen Sie die Taste **<Return>**.

2. Wechseln Sie zum Schlüssel ❶ HKEY_LOCAL_MACHINE\ SYSTEM\CurrentControlSet\Services\EventLog.

3. Erstellen Sie einen neuen DWORD-Wert (32-Bit) mit der Bezeichnung ❷ **RestrictGuestAccess**. Setzen Sie den Eintrag durch einen Doppelklick von **0** (= jeder kann auf die Ereignisanzeige zugreifen) auf ❸ **1** (= Zugriff nur für Administratoren).

4. Wenn Sie die Ereignisanzeige wieder für den allgemeinen Zugriff freigeben möchten, setzen Sie den Eintrag auf **0**.

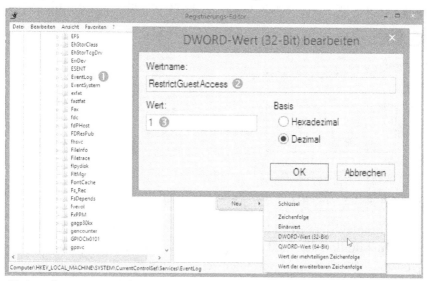

Ab jetzt kann nur noch der Administrator auf die Ereignisse zugreifen.

Schaffen Sie mehr Schutz durch aktuelle Sicherheitspatches

In regelmäßigen Abständen veröffentlicht Microsoft neue Treiber, Systemerweiterungen, Bugfixes und Security-Patches, die Sie über das Windows-Update automatisch installieren können. Diese Updates sind wichtig. Installieren Sie diese, um Ihr Windows immer auf dem aktuellsten Stand zu halten und um Sicherheitslücken zu schließen.

Setzen Sie die Windows Update-Funktion ein

Das Windows-Update ist eine in Windows integrierte Funktion, die Ihnen die neusten Updates für Windows und andere Microsoft-Produkte automatisiert zur Verfügung stellt.

1. Um die Einstellungen für das Windows 8-Update zu konfigurieren, klicken Sie in der Systemsteuerung auf **System und Sicherheit – Windows Update**.

2. Klicken Sie im linken Bereich auf den Link **Einstellungen ändern**.

3. Wenn Sie sich um die Updates gar nicht kümmern wollen, wählen Sie die ❶ Option **Updates automatisch installieren (empfohlen)**. Damit werden neue Updates automatisch herunter geladen und installiert.

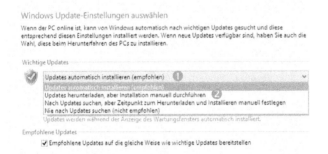

Halten Sie Ihr System auf dem neuesten Stand.

Tipp! Empfehlenswert ist auch die ❷ Option **Updates herunterladen, aber Installation manuell durchführen**. Damit werden Sie über neue Updates informiert und bestimmen selbst, wann Sie diese installieren wollen.

Entfernen Sie bei Störungen einen fehlerhaften Patch

Was können Sie tun, wenn ein Patch Ihr System stört? Eine Möglichkeit ist, dass Sie die Systemwiederherstellung benutzen. Der Nachteil dieser Methode: Auch alle anderen Änderungen seit dem Erstellen des Wiederherstellungspunkts gehen verloren. Sie können den Patch aber auch ganz schnell mit diesen zwei Schritten deinstallieren:

1. Klicken Sie in der Systemsteuerung auf **Programme** und wählen den Link **Programme und Features**.

2. Klicken Sie anschließend auf **Installierte Updates anzeigen** bzw. **Updates anzeigen**.

3. Scrollen Sie im Fenster ganz nach oben, wo Sie den zuletzt installierten Patch finden.

4. Klicken Sie auf das entsprechende ❸ Update und anschließend auf ❹ **Deinstallieren**.

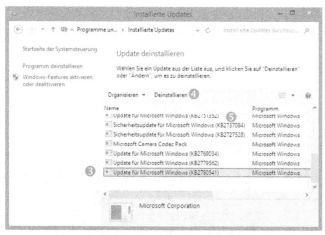

Hier werden Ihnen die installierten Patches und Updates angezeigt.

Tipp! Die Patches sind mit einer ❺ KB-Nummer gekennzeichnet. Mit dieser Nummer können Sie im Support-Center von Microsoft nach weiteren Hinweisen und Problemlösungen zu diesem Patch suchen. Sie finden Microsofts Datenbank für Problemlösungen unter: http://support.microsoft.com.

Spüren Sie Programme mit geheimem Internet-Zugriff auf

Viele Programme nehmen heimlich Verbindung zum Internet auf. Wenn Sie überprüfen wollen, welche Programme auf Ihrem PC derzeit auf das Internet zugreifen, gehen Sie folgendermaßen vor:

1. Drücken Sie die Tastenkombination **<WIN>+<R>** und geben Sie den ❶ Befehl **cmd** ein. Bestätigen Sie diesen mit **<Return>**.

Wechseln Sie auf die Kommandozeilenebene.

2. In der Kommandozeile geben Sie den ❷ Befehl **netstat -o <Return>** ein. Sie sehen nun eine Auflistung aller aktuellen Verbindungen.

Lassen Sie sich die aktuellen Internetverbindungen anzeigen.

3. Notieren Sie sich die ❸ PID-Nummern (Process-Identification) der Prozesse, die Sie interessieren.

4. Aktivieren Sie den Task-Manager mit der Tastenkombination <Strg>+<Alt>+<Entf> und einem Klick auf den Link **Task-Manager**.

5. Klicken Sie auf das ❹ Register **Prozesse**. In der Spalte mit den ❺ PID-Nummern erkennen Sie nun anhand der vorher notierten PIDs, um welchen Prozess es sich handelt.

6. Sollte der Eintrag **PID** im Task-Manager fehlen, klicken Sie mit der rechten Maustaste in die obige Spaltenzeile. Klicken Sie beispielsweise neben den Eintrag **Status** und aktivieren Sie den ❻ Eintrag **PID** im Kontextmenü.

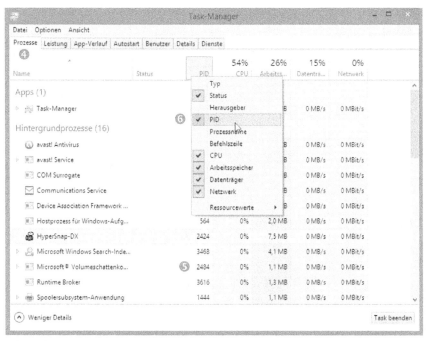

Identifizieren Sie den Prozess über seine eindeutige PID (Process-Identification).

Ordnen Sie Ihren Dateien das Standard-Programm zu

Dateien werden in Ordnern auf der Festplatte abgelegt. Die Bezeichnung einer Datei besteht aus zwei Teilen: dem Dateinamen und dem Dateisuffix (eine Kennung, bestehend aus drei Buchstaben, die mit einem Punkt vom Dateinamen getrennt ist). Anhand des Dateityps erfolgt die Zuordnung zu den entsprechenden Programmen. Wenn Sie beispielsweise im Windows-Explorer eine Datei doppelt anklicken, wird diese mit dem zugeordneten Programm sofort geöffnet.

Passen Sie die Zuordnung einer Dateierweiterung an

Doch nach einem Programmwechsel kann sich die Zuordnung einer Dateierweiterung von einem Programm auf ein anderes ändern. Oder Sie erhalten gleich eine Fehlermeldung, dass für diese Datei kein passendes Programm gefunden wurde. Wenn eine Datei nicht mehr mit dem gewünschten Programm geöffnet wird, müssen Sie die fehlerhafte Dateizuordnung eigenhändig korrigieren:

1. Klicken Sie im ❶ Windows-Explorer mit der rechten Maustaste auf die Datei, deren Zuordnung Sie ändern möchten.

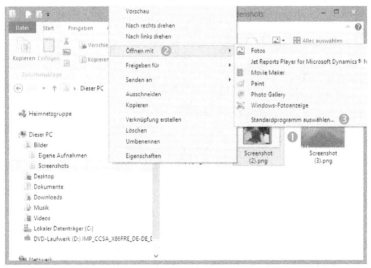

Aktivieren Sie die Dateitypzuordnung über das Kontextmenü.

2. Wählen Sie im Kontextmenü den ❷ Eintrag **Öffnen mit**.

3. Klicken Sie auf den ❸ Eintrag **Standardprogramm auswählen**.

4. Wählen Sie in der Liste das Programm, mit dem die Datei geöffnet werden soll.

5. Markieren Sie in der Auswahl die gewünschte ❹ Anwendung.

6. Soll die Datei fortan immer mit diesem Programm geöffnet werden, aktivieren Sie die ❺ Option **Diese App für alle Dateien verwenden**.

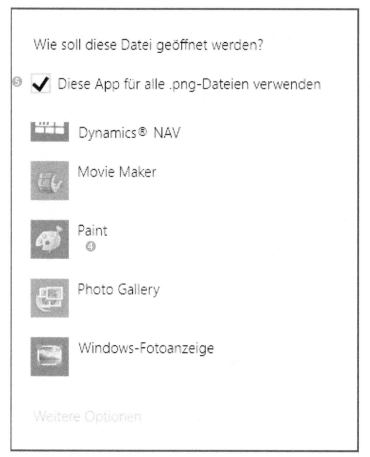

So ändern Sie die Dateitypzuordnung für Ihre Programme.

Entfernen Sie abgestürzte Programme mit dem Ressourcenmonitor

Windows 8 läuft zwar sehr stabil, trotzdem kommt es vor, dass eine Anwendung abstürzt und einfriert. Mithilfe des Task-Managers können Sie die betroffene Anwendung beenden. Nicht gespeicherte Daten gehen dabei meistens aber verloren.

So bleiben Ihre Daten erhalten

Versuchen Sie deshalb den abgestürzten Prozess mit dem Ressourcenmonitor zu beenden. Dann bleibt das betroffene Programm im Speicher und Sie können die Änderungen im geöffneten Dokument wie gewohnt speichern. Gehen Sie dazu wie folgt vor:

1. Aktivieren Sie den Task-Manager mit **<Strg>+<Alt>+<Entf>** und klicken Sie auf das Register **Leistung**.

2. Klicken Sie auf den ❶ Link **Ressourcenmonitor öffnen**.

3. Suchen Sie auf dem Register **Übersicht** im Bereich **CPU** den Prozess der rot hervorgehoben wird.

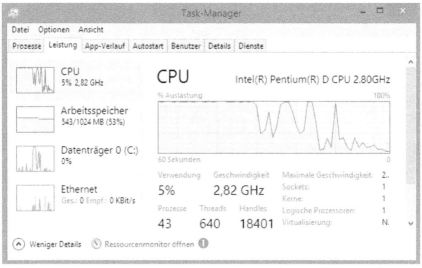

Aktivieren Sie den Ressourcenmonitor über den Task-Manager.

4. Klicken Sie diesen mit der rechten Maustaste an und wählen Sie aus dem Kontextmenü den Eintrag **Warteschlange analysieren**.

5. In dem sich öffnenden Fenster erhalten Sie alle vom Programm abhängigen Prozesse und Bibliotheken angezeigt. Weiterhin erhalten Sie eine Beschreibung weshalb das Programm bzw. der abhängige Prozess nicht mehr reagiert.

6. Wählen Sie den ❷ abhängigen Prozess mit einem Klick auf das Kästchen aus und klicken Sie auf die ❸ Schaltfläche **Prozess beenden**.

7. Meistens können Sie anschließend mit dem Programm weiterarbeiten und die noch nicht gespeicherten Daten sichern.

Beenden Sie zuerst den abhängigen Prozess, damit ist das Problem meist erledigt.

Analysieren Sie die Ursache von langen Startzeiten

Wenn der Systemstart sehr lange dauert, liegt das meist an Autostart-Programmen. Diese tragen sich meist ungefragt in den Autostart-Ordner ein und werden so bei jedem Systemstart automatisch in den Arbeitsspeicher geladen.

Schalten Sie die Autostart-Programme ab

Mithilfe der Systemkonfiguration können Sie sich die Autostart-Programme anzeigen lassen und abschalten:

1. Aktivieren Sie den Task-Manager mit **<Strg>+<Alt>+<Entf>** und klicken Sie auf das ❶ Register **Autostart**.

2. Deaktivieren Sie überflüssige Programme durch Entfernen des Häkchens. Alternativ klicken Sie auf die ❷ Schaltfläche **Deaktivieren**, um alle Autostart-Programme abzuschalten. Dazu müssen Sie vorher die Programme markieren.

Hinweis: Sicherheitsrelevante Programme wie der Virenscanner aktivieren sich beim nächsten Start automatisch.

3. Führen Sie einen Neustart durch, um die Autostart-Programme aus dem Speicher zu entfernen.

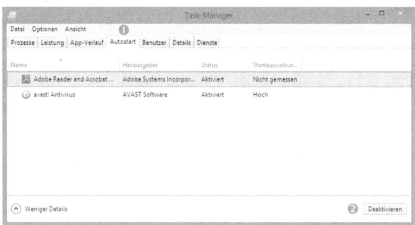

Deaktivieren Sie bei einem langen Systemstart die Autostart-Programme.

Sollte der Systemstart jetzt immer noch sehr lange dauern, können Sie die Startzeiten einzelner Anwendungen analysieren. Setzen Sie dazu die Ereignisanzeige ein:

1. Aktivieren Sie die Ereignisanzeige durch die Tastenkombination <WIN>+<R> und der Eingabe von **eventvwr.msc**. Bestätigen Sie mit einem Druck auf die Taste <**Return**>.

2. Erweitern Sie die Ordner und wechseln Sie zum ❸ Eintrag **Anwendungs- und Dienstprotokolle – Microsoft – Windows – Diagnostics-Performance – Betriebsbereit**.

3. Einträge mit der ❹ Anmerkung **Kritisch** oder solche mit Fehler-IDs ab dem Wert 101 sollten Sie genauer untersuchen, da diese auf Systemstörungen hindeuten.

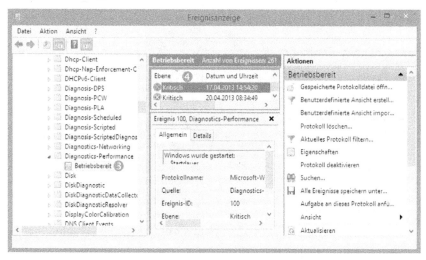

Aktivieren Sie das Logbuch von Windows 8.

4. Um sich nähere ❺ Informationen zu einem Eintrag anzeigen zu lassen, doppelklicken Sie darauf.

Lassen Sie sich Hinweise zum Fehler anzeigen.

Retten Sie gelöschte Dateien und alte Versionen mit dem Versionsverlauf

Um sich vor Datenverlust zu schützen, können Sie unter Windows 8 den Dateiversionsverlauf aktivieren. Diese Funktion sichert Dateien und Zwischenversionen automatisch auf eine zweite Festplatte oder einen USB-Stick. Die Wiederherstellung im Notfall ist damit mit wenigen Klicks erledigt.

1. Um den Dateiversionsverlauf zu aktivieren, drücken Sie **<WIN>+<W>**.

2. Geben Sie den ❶ Text **Dateiversionsverlauf** in das Suchfeld ein und wählen Sie den gleichnamigen ❷ Eintrag aus.

Starten Sie den Dateiversionsverlauf über die Einstellungen.

3. Klicken Sie auf den ❸ Link **Laufwerk auswählen** und wählen Sie das Sicherungslaufwerk.

Wählen Sie das Sicherungslaufwerk aus.

4. Bestätigen Sie mit **OK** und aktivieren Sie den Dateiversionsverlauf mit einem Klick auf die ❹ Schaltfläche **Einschalten**.

5. Ab sofort speichert Windows 8 nun alle Dateien und Ordner, die sich in Bibliotheken, Kontakten, Favoriten, in Microsoft SkyDrive oder auf dem Desktop befinden.

Hinweis: Wenn Sie zusätzliche Ordner in die Sicherung aufnehmen möchten, klicken Sie den zu sichernden Ordner mit der rechten Maustaste an und wählen **In Bibliothek aufnehmen**.

Tipp! Voreingestellt wird die Sicherung jede Stunde aktiviert. Das Sicherungsintervall können Sie mit einem Klick auf **Erweiterte Einstellungen** anpassen. Wählen Sie dazu im Feld **Speichern von Dateikopien** die gewünschte Zeitspanne aus und bestätigen mit einem Klick auf **Änderungen speichern**.

Im Fehlerfall stellen Sie die Daten wie folgt wieder her:

1. Drücken Sie <**WIN**>+<**W**> und geben Sie den ❺ Text **Dateien wiederherstellen** in das Suchfeld ein

2. Klicken Sie auf den ❻ Eintrag **Stellt Dateien mit dem Dateiversionsverlauf wieder her**.

3. Geben Sie in das Suchfeld die gewünschte Datei ein oder verwenden Sie die Pfeilschaltflächen, um Ihre Ordner und Dateien zu durchsuchen.

Nutzen Sie die neuen Funktionen von Windows 8.

4. Wählen Sie die gewünschten Daten aus und klicken Sie auf die Schaltfläche **Wiederherstellen**.

Tipp! Möchten Sie die Dateien nicht am ursprünglichen Speicherort wiederherstellen, klicken Sie mit der rechten Maustaste auf die Schaltfläche **Wiederherstellen**. Klicken Sie auf **Wiederherstellen in** und wählen Sie den gewünschten Speicherort aus.

Hinweis: Sie können eine Dateiversion auch im Windows-Explorer wiederherstellen. Klicken Sie dazu auf die gewünschte Datei und wählen Sie auf dem Register **Start** in der Gruppe **Öffnen** auf die ❼ Schaltfläche **Verlauf**. Wählen Sie dort die betreffende Version der Datei bzw. den Ordner aus. Über die untere ❽ grüne runde Schaltfläche können Sie die Wiederherstellung starten.

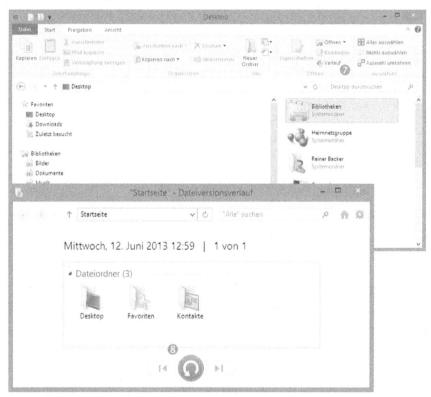

So stellen Sie schnell eine vorherige Version wieder her.

Blockieren Sie unerwünschte Programme unter Windows 8Pro

Wenn Sie Ihr System vor unerlaubten Programminstallationen oder Programmstarts schützen möchten, sollten Sie die integrierte Programmsperre von Windows 8Pro nutzen. Damit können Sie bestimmte Programme oder gar ganze Programmgruppen blockieren – so bleibt Ihr System vor unerwünschten Anwendungen sicher.

Aktivieren Sie die integrierte Programmsperre

Um die integrierte Programmsperre zu nutzen, gehen Sie wie folgt vor:

1. Drücken Sie die Tastenkombination **<WIN>+<R>**, geben Sie den Befehl **gpedit.msc** ein und drücken Sie **<Return>**.

2. Erweitern Sie im linken Fensterteil den ❶ Eintrag **Computerkonfiguration – Windows-Einstellung – Sicherheitseinstellungen – Anwendungssteuerungsrichtlinien – Applocker**.

3. Um eine Anwendung zu blockieren, klicken Sie im rechten Fensterteil auf den ❷ Eintrag **Ausführbare Regeln**.

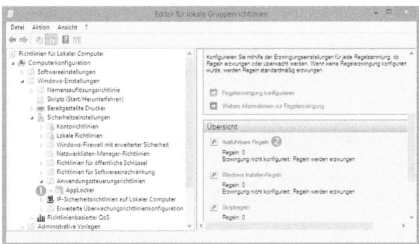

Starten Sie den Editor für lokale Richtlinien.

4. Klicken Sie in dem sich öffnenden Fenster mit der rechten Maustaste auf eine freie Stelle im rechten Bereich.

5. Wählen Sie aus dem Kontextmenü den ❸ Eintrag **Neue Regel erstellen**.

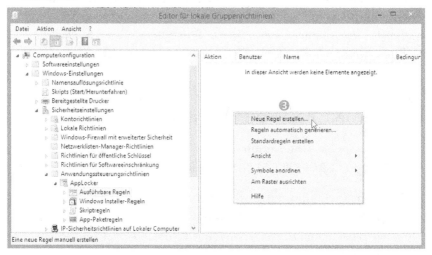

Erstellen Sie per Kontextmenü eine neue Regel.

6. Klicken Sie auf die Schaltfläche **Weiter** und aktivieren Sie im nächsten Fenster die Aktion **Verweigern**.

7. Wenn Sie das Programm nur für einen bestimmten Nutzer sperren möchten, klicken Sie auf **Auswählen** und wählen den betreffenden Anwender aus. Ansonsten belassen Sie es bei der Voreinstellung **Jeder**.

8. Klicken Sie auf **Weiter**. Aktivieren Sie im nächsten Fenster die ❹ Option **Dateihash**, um eine einzelne EXE-Datei zu blockieren. Mit der Option **Herausgeber** können Sie alle Anwendungen eines bestimmten Herstellers auswählen. Mit **Pfad** wählen Sie einen Ordner aus, alle darin befindlichen Dateien und Programme können dann nicht mehr geöffnet bzw. gestartet werden.

9. Bestätigen Sie die Auswahl mit einem Klick auf **Weiter** und klicken Sie auf **Durchsuchen**.

Im Beispiel soll ein bestimmtes Programm gesperrt werden.

10. Wählen Sie das betreffende ❺ Programm aus und klicken Sie auf **Öffnen**.

11. Bestätigen Sie die Auswahl mit einem Klick auf **Weiter** und **Erstellen**. Nach einem Neustart ist die Einstellung aktiviert.

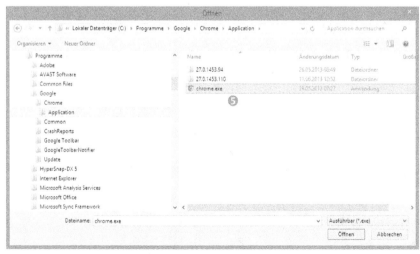

Sperren Sie beispielsweise den Chrome-Browser.

Beseitigen Sie Probleme mit einer App

Bei einer Störung mit einer App werden Sie vom Windows-Store benachrichtigt und Windows versucht, das Problem zu beseitigen. Meistens ist damit das Problem gelöst.

Aktualisieren Sie die App

Wenn weiterhin Schwierigkeiten mit einer App auftreten, hilft die nachfolgende Schritt-für-Schritt-Anleitung weiter:

1. Bei Problemen mit einer App sollten Sie diese zuerst aktualisieren. Klicken Sie dazu auf der Startseite auf die ❶ **Store**-Kachel.

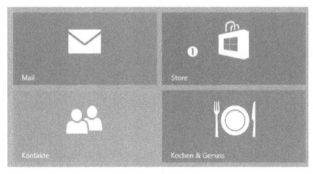

Aktivieren Sie den Windows-Store.

2. Wählen Sie im Charm-Menü (<**WIN**>+<**C**>) die **Einstellungen**.

3. Klicken Sie auf ❷ **App-Updates** und melden Sie sich ggf. mit Ihrem Microsoft-Konto an.

Wechseln Sie zu den Einstellungen.

4. Klicken Sie auf **Nach Updates suchen**. Falls Updates verfügbar sind, klicken Sie auf ❸ **Alle auswählen** und auf **Installieren**.

Bringen Sie die Apps auf den neuesten Stand.

5. Sollte das Problem weiterhin auftreten, sollten Sie die App-Lizenzen synchronisieren. Führen Sie dazu die obigen Schritte bis zum Punkt 3 durch und klicken Sie auf die ❹ Schaltfläche **Lizenzen synchronisieren**.

Aktualisieren Sie die App-Lizenzen.

6. Ansonsten hilft bei einer defekten App meist nur eine Neuinstallation. Klicken Sie dazu auf der Startseite die betreffende App-Kachel mit der rechte Maustaste an und wählen Sie im unteren Bereich ❺ **Deinstallieren**.

Entfernen Sie die App.

7. Um die App wieder zu installieren, klicken Sie auf die **Store**-Kachel.

8. Klicken Sie mit der rechten Maustaste oben auf den Bildschirm und dann auf **Ihre Apps**.

9. Wählen Sie die zu installierende App aus und klicken anschließend auf ❻ **Installieren**.

Installieren Sie die App über den Store.

10. Wenn weiterhin Probleme mit der App auftreten, nehmen Sie
Kontakt zum Hersteller der App auf. Klicken Sie dazu im Windows-
Store auf die App und anschließend auf **Übersicht – Weitere
Informationen** oder scrollen Sie ganz nach rechts. Klicken Sie auf
den ❼ Supportlink für die App.

Weitere Informationen
Website für „Daily Workouts"

Support für „Daily Workouts" ❼

Zusätzliche Bedingungen
Datenschutzrichtlinien von Daily Workout Apps, LLC

App an Microsoft melden
Diese App wegen eines Verstoßes gegen die Store-Nutzungsbedingungen melden

Nutzen Sie den Support des App-Herstellers.

Hinweis: Wenn Probleme nicht nur bei einzelnen Apps auftreten,
sondern alle Apps davon betroffen sind, sollten Sie den Cache für
den Windows-Store löschen. Drücken Sie dazu <WIN>+<Q> und
geben Sie in das Suchfeld den ❽ Text **wsreset** ein. Klicken Sie mit
der rechten Maustaste auf das gleichnamige ❾ App-Symbol und
dann auf die Schaltfläche **Als Admin ausführen**. Bestätigen Sie die
Sicherheitsmeldung der Benutzerkontensteuerung mit einem Klick auf
Ja, anschließend wird der App-Cache geleert.

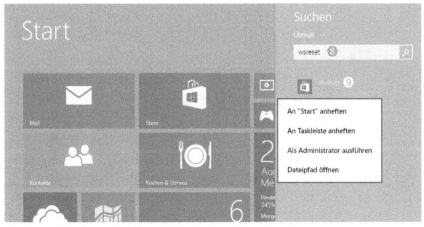

Säubern Sie den schnellen Zwischenspeicher der Apps.

Tipp!

- Haben Sie mehrere Apps gleichzeitig geöffnet, schließt Windows 8 diese bei Inaktivität nach einer gewissen Zeitspanne. Wenn Sie wissen möchten, welche Apps noch geöffnet sind, können Sie das mithilfe des Task-Managers feststellen. Drücken Sie dazu <Strg>+<Alt>+<Entf> und wählen Sie den Eintrag **Task-Manager**. Klicken Sie im Menü **Ansicht** auf **Statuswerte – Anhaltestatus anzeigen**.

- Voreingestellt werden im Windows-Store nur Apps angezeigt, die zu den Sprach- und Standorteinstellungen passen. Um alle Apps im Windows-Store anzuzeigen, klicken Sie auf die Store-Kachel. Wählen Sie im Charm-Menü (<WIN>+<C>) die **Einstellungen** und klicken Sie erneut auf **Einstellungen**. Schieben Sie den ersten Regler nach links bis der Text **nein** erscheint, jetzt bekommen Sie alle Apps bei der Suche angezeigt.

- Wenn Sie ein App schließen möchten, ziehen Sie diese von oben nach unten.

- Manche Apps belegen viel ⑩ Speicherplatz. Um die größten Speicherfresser herauszufinden, klicken Sie im Charm-Menü (<WIN>+<C>) auf **Einstellungen – PC-Einstellungen ändern – Suche & Apps – App-Größen**.

Lassen Sie sich den belegten Speicherplatz der Apps anzeigen.

Erstellen Sie einen Rettungsdatenträger

Windows 8 bietet für den Notfall zahlreiche Wiederherstellungsfunktionen. Diese können Sie aber nur bei einem laufenden System
aktivieren. Sollte das System nicht mehr starten, benötigen Sie die
Installations-DVD von Windows 8. Auf dieser finden Sie professionelle
Analyse- und Wiederherstellungsoptionen. Legen Sie dazu einfach
die Installations-DVD von Windows 8 in das Laufwerk und starten
Sie das System neu. Nach der Auswahl der Sprache, wählen Sie
statt der Installation den Punkt **Computerreparaturoptionen und
Problembehandlung**.

Sollten Sie die Installations-DVD von Windows 8 nicht griffbereit in
Ihrer Nähe haben, können Sie sich auch einen startfähigen USB-Stick
oder eine CD mit den Wiederherstellungsfunktionen von Windows 8
erstellen. Das ist mit wenigen Mausklicks erledigt:

1. Drücken Sie die Tastenkombination **<WIN>+<X>** und wählen Sie
   den Eintrag **Systemsteuerung**.

2. Geben Sie in das Suchfeld den ❶ Text **wiederher** ein.

3. Klicken Sie auf den ❷ Link **Wiederherstellungslaufwerk erstellen**
   und auf **Weiter**.

Legen Sie für den Notfall einen Rettungsdatenträger an.

4. Stecken Sie einen USB-Stick mit einer Größe von mindestens 256
   MB ein. **Vorsicht**: Alle auf dem Stick vorhandenen Daten werden
   gelöscht. Alternativ können Sie auch eine CD brennen, klicken Sie
   dazu auf den Link **Systemreparaturdatenträger stattdessen mit
   einer CD oder DVD erstellen**.

5. Bestätigen Sie dann mit einem Klick auf **Erstellen** und **Fertig stellen**.

Beseitigen Sie Probleme mit Hardware-Geräten

Bei Problemen mit Hardwarebauteilen sollten Sie die Anschlüsse kontrollieren und den neuesten Treiber installieren. Zusätzlich können Sie wie nachfolgend beschrieben, die Problembehandlung von Windows 8 einsetzen:

1. Drücken Sie **<WIN>+<X>** und wählen Sie den Eintrag **Systemsteuerung**.

2. Geben Sie in das Suchfeld den ❶ Text **Hardware** ein und klicken Sie auf den ❷ Link **Probleme mit Geräten erkennen und beheben**.

3. Klicken Sie auf die ❸ Schaltfläche **Weiter** und folgen Sie ggf. den Anweisungen des Assistenten. In den meisten Fällen erkennt die Problembehandlung defekte Geräte automatisch und stellt diese wieder her. Bei mechanischen Schäden, hilft natürlich nur der Austausch des betreffenden Geräts.

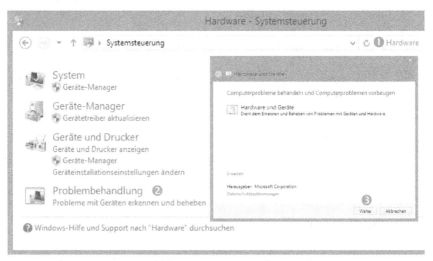

So beseitigen Sie Störungen bei Geräten.

Tipp! Die Problembehandlung können Sie natürlich nicht nur bei Hardware-Problemen einsetzen, diese hilft Ihnen auch bei System- oder Internet-Störungen.

Setzen Sie bei Systemstörungen die Problembehandlung ein

Die Problembehandlung in der Systemsteuerung enthält verschiedene Reparaturprogramme, mit denen einige häufige Fehler im System automatisch behoben werden können, beispielsweise Störungen bei Netzwerken, Hardware und Geräten, beim Verwenden des Internets und bei der Programmkompatibilität.

Lassen Sie sich bei der Fehlerbehebung unterstützen

Um die Problembehandlung zu aktivieren, gehen Sie wie folgt vor:

1. Aktivieren Sie die Systemsteuerung und wählen Sie unter **Anzeige** den Eintrag **Große Symbole** aus.

2. Klicken Sie auf **Wartungscenter** und dort im unteren Bereich auf den ❶ Link **Problembehandlung**.

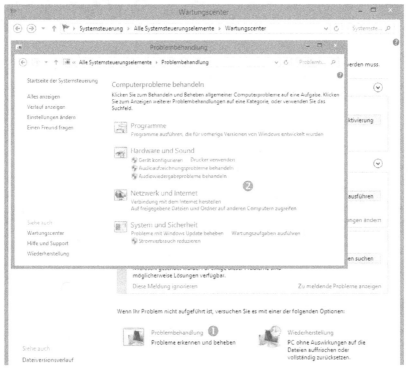

So lösen Sie System-Störungen mit der Problembehandlung.

3. Wählen Sie den ❷ Bereich und anschließend die passende Lösung aus.

4. Beim Ausführen einer Problembehandlung müssen Sie meist ein paar Fragen beantworten oder allgemeine Einstellungen zurücksetzen, während das Problem behoben wird.

5. Kann der Fehler nicht behoben werden, wählen Sie unter den angezeigten Optionen. Sie erhalten dann online weitere Informationen zur Problembehandlung angezeigt.

Tipp! Klicken Sie auf den Link **Erweitert** in einer Problembehandlung und deaktivieren die ❸ Option **Reparaturen automatisch anwenden**. Anschließend wird Ihnen zu Ihrem Problem eine Liste der Korrekturen zur Auswahl angezeigt.

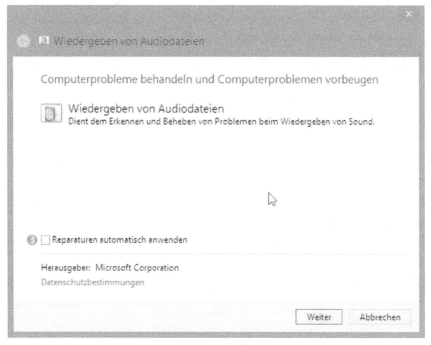

Lassen Sie sich nach einem Klick auf **Weiter** *alle Problemlösungen anzeigen.*

Nutzen Sie die Systemdiagnose zur Fehleranalyse

Windows 8 bringt ein gutes Diagnose-Tool mit, welches Ihnen bei der Recherche nach Leistungsproblemen, fehlerhafter Hardware und Programmabstürzen hilfreich zur Seite steht.

Eliminieren Sie den Flaschenhals im System

Um die Systemdiagnose von Windows 8 zu aktivieren, gehen Sie folgendermaßen vor:

1. Aktivieren Sie die **Systemsteuerung** und wählen Sie unter **Anzeige** den Eintrag **Große Symbole** aus.

2. Klicken Sie auf **Wartungscenter** und im linken Fensterteil auf den Link **Leistungsinformationen anzeigen**.

3. Wählen Sie im nächsten Fenster den Link **Weitere Tools** aus und klicken Sie auf **Systemintegritätsbericht erstellen**.

4. Beachten Sie die Hinweise im ❶ Bereich **Warnungen** und rot markierte Ergebnisse im Bereich **Grundlegende Systemprüfungen**.

Lassen Sie sich Details zur Systemintegrität und -Leistung Ihres Systems anzeigen.

Lassen Sie sich fehlerhafte Tools und Programme anzeigen

Wenn Software-Installationen fehlschlagen oder Programme abstürzen, werden diese Ereignisse unter Windows 8 protokolliert. Dank der Zuverlässigkeitsüberwachung können Sie die Programme lokalisieren, die für Fehler oder Abstürze des Systems verantwortlich bzw. an diesen beteiligt waren.

Werten Sie das Protokoll der Zuverlässigkeitsüberwachung aus

Mit der Zuverlässigkeitsüberwachung kommen Sie System-Störungen schnell auf die Spur. Gehen Sie dazu folgendermaßen vor:

1. Aktivieren Sie die Systemsteuerung und wählen Sie unter **Anzeige** den Eintrag **Große Symbole** aus.

2. Klicken Sie auf den Link **Wartungscenter**.

Kontrollieren Sie bei Systemstörungen die Zuverlässigkeitsüberwachung von Windows 8.

3. Erweitern Sie den Bereich **Wartung** durch einen Klick auf die
   ❶ Schaltfläche mit dem Pfeil nach oben und klicken Sie auf ❷
   Zuverlässigkeitsverlauf anzeigen.

Lösen eines Problems bei VMware
VMCI Bus Device

Meldungsdetails anzeigen

Ein Treiber für VMware VMCI Bus
Device ist online verfügbar.

Diese Meldung archivieren

Nach Lösungen für Problemberichte suchen   Ein

Nach Lösungen suchen | Datenschutzbestimmungen | Einstellungen
❷ | Zuverlässigkeitsverlauf anzeigen

Lassen Sie sich den Zuverlässigkeitsverlauf anzeigen.

4. Wenn im nachfolgenden Fenster ❸ rote Punkte aufgeführt sind,
   können Sie darüber auf den Tag genau die fehlerhafte Anwendung
   bzw. die Programminstallation lokalisieren.

5. Klicken Sie dazu auf den Punkt und schauen Sie sich die Infos im
   unteren Bereich an. Klicken Sie, wenn angeboten, auf den ❹ Link
   Lösung anzeigen, um die Störung automatisch zu beheben.

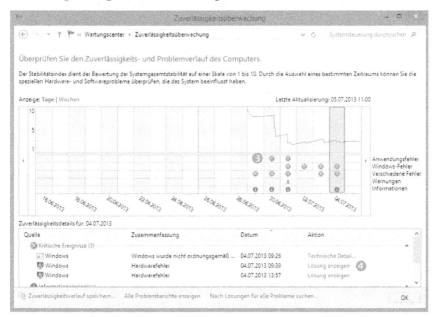

*Windows 8 bietet meist auch gleich den passenden Link zum Lösen des
Problems.*

Reparieren Sie Ihre Anwendungen automatisch

Windows 8 bietet Ihnen die Möglichkeit, ein Programm automatisch zu reparieren, das beispielsweise durch einen Systemfehler beschädigt oder aus Unachtsamkeit gelöscht wurde. Zahlreiche Programme bieten für diese Fälle eine nützliche Funktion, die automatisch überprüft, ob alle benötigten Dateien und Einträge in die Registry noch vorhanden sind, und Fehler gegebenenfalls behebt. Und so nutzen Sie diese Funktion:

1. Klicken Sie in der Systemsteuerung auf **Programme** und wählen den Link **Programme und Features**.

2. Wählen Sie anschließend die betreffende ❶ Anwendung aus.

3. Bietet diese Anwendung eine Reparatur-Funktion, wird die ❷ Schaltfläche **Reparieren** angezeigt. Klicken Sie auf diese Schaltfläche und bestätigen Sie die darauf folgende Sicherheitsabfrage.

4. Anschließend wird der Reparaturvorgang gestartet und läuft in der Regel automatisch ab. Nach einigen Sekunden bis hin zu wenigen Minuten ist die Reparatur abgeschlossen, und Sie können wieder wie gewohnt mit der Anwendung arbeiten.

Stellen Sie mit nur einem Mausklick Ihre Anwendungen vollautomatisch wieder her.

Wie Sie mit Windows 8 wieder pingen

Die Firewall von Windows 8 wertet ein Ping manchmal als feindlichen Angriff und antwortet deshalb nicht mehr auf den Ping-Befehl. So kommen die ICMP-Pakete, die Sie mit Ping auslösen, dennoch an:

1. Um die Firewall zu aktivieren, drücken Sie die Tastenkombination **<WIN>+<X>** und wählen aus dem Menü den Eintrag **System-steuerung**. Klicken Sie auf **System und Sicherheit** und auf den ❶ Eintrag **Windows-Firewall**.

Aktivieren Sie die Benutzeroberfläche der Firewall.

2. Wählen Sie im linken Fensterteil den Link **Erweiterte Einstellungen**.

3. Klicken Sie links oben auf ❷ **Eingehende Regeln** und mit der rechten Maustaste auf den ❸ Eintrag **Datei- und Druckerfreigabe (Echoanforderung - ICMPv4 eingehend)**.

4. Wählen Sie aus dem Kontextmenü den ❹ Eintrag **Regel aktivieren**.

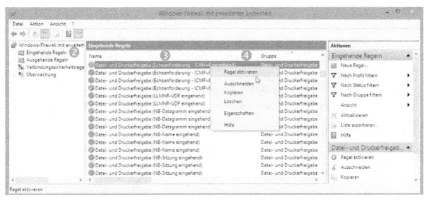

Ab sofort antwortet Windows 8 wieder auf Pings.

Reparieren Sie den Ruhezustand

Unter Windows 8 kann es vorkommen, dass die Datenträgerbereinigung gründlicher vorgeht, als es manch einem Anwender lieb ist: Nicht nur überflüssige Dateien werden entfernt, sondern scheinbar auch gleich der ganze Ruhezustandmodus. Dies passiert immer dann, wenn die Datenträgerbereinigung auch die vom Ruhezustandsmodus angelegten Dateien bereinigt und dadurch die Datei **hiberfil.sys** entfernt wird. In dieser Datei werden alle Daten des Ruhezustands abgelegt. Doch Sie können den Ruhezustand problemlos in wenigen Schritten wieder aktivieren:

1. Drücken Sie die Tastenkombination **<WIN>+<X>** und wählen den ❶ Eintrag **Windows PowerShell (Administrator)**.

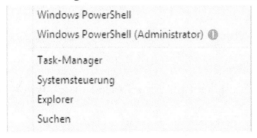

Starten Sie die Eingabeaufforderung mit Administratorrechten.

2. Geben Sie anschließend den ❷ Befehl **powercfg -h on** ein und drücken Sie **<Return>**, um den Ruhezustand wieder zu aktivieren.

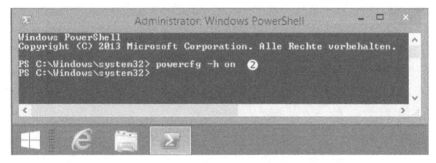

Stellen Sie den Ruhezustand von Windows 8 wieder her.

Tipp! Wie Sie den Ruhezustand in das Charm-Menü zurückholen, erfahren Sie im Kapitel Tuning-Tipps zum Optimieren von Windows 8.

Entfernen Sie Schadsoftware mit dem integrierten Virenscanner von Windows 8

Auch wenn Sie Ihr Windows-System regelmäßig durch Updates sicherer machen, können Angreifer Ihren Computer „krank" machen. Denn ähnlich wie Krankheitserreger den menschlichen Körper befallen, versuchen Computerprogramme der Gattungen Viren, Würmer und Trojaner, Ihr System zu infizieren und zu schwächen.

Die „Krankheiten" Ihres PCs machen sich meist durch Symptome wie diese bemerkbar:

* Ihr Computer arbeitet sehr langsam und benötigt eine lange Zeitdauer, um zu starten.

* Programme, die bisher problemlos auf Ihrem System gearbeitet haben, arbeiten sehr träge oder frieren plötzlich ein.

* Fehlermeldungen warnen Sie, dass nicht genügend RAM verfügbar sei, obwohl ausreichend Arbeitsspeicher in Ihrem Computer eingebaut ist.

* Ihr System wird unerwartet neu gestartet.

Besonders heimtückisch sind Trojaner. Diese verstecken eine Schadensroutine hinter einem nützlichen Programm. Beim Programmstart wird zusätzlich die Schadensroutine aktiv. Häufig versuchen Trojaner, Nutzerdaten zu stehlen. Wenn Sie Ihr Passwort für Online-Banking oder Ihren Internetzugang eingeben, protokolliert ein Trojaner dieses und schickt die Daten an seinen Programmierer.

Setzen Sie den Windows Defender ein

Sollten Sie den Verdacht auf Virenbefall haben, können Sie das System zusätzlich mit dem bordeigenen Windows Defender von Windows 8 untersuchen. Dieser erscheint unter Windows 8 jetzt mit der Oberfläche des bewährten Virenscanners **Security Essentials**.

1. Wechseln Sie auf die Startseite und drücken Sie die ❶ Schaltfläche mit dem Pfeil nach unten.

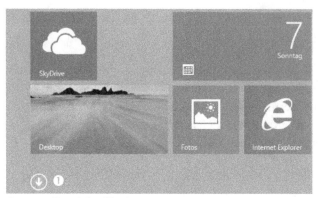

Lassen Sie sich alle Apps anzeigen.

2. Klicken Sie im Bereich **Windows-System** auf den ➋ Eintrag **Windows Defender**.

So starten Sie den integrierten Virenscanner unter Windows 8.

3. Kontrollieren Sie, ob die ➌ Funktion **Echtzeitschutz** eingeschaltet ist. Der Echtzeitschutz überwacht im Hintergrund alle Tätigkeiten und warnt Sie, wenn ein Schadprogramm aktiv wird.

Der bordeigenen Virenscanner schützt vor Viren, Würmer und Trojaner mit einem Hintergrundwächter.

4. Sollte der Echtzeitschutz ausgeschaltet sein, klicken Sie auf das Register **Einstellungen**. Setzen Sie dann ein Häkchen vor die Option **Echtzeitschutz aktivieren (empfohlen)**.

5. Klicken Sie auf das Register **Startseite** und wählen Sie die gewünschte Überprüfung:

   • **Schnell**: Mit der Schnellprüfung werden die Bereiche getestet, die von Schadsoftware am wahrscheinlichsten infiziert werden. Dazu gehören beispielsweise die Programme, DLL-Bibliotheken, der Startsektor der Festplatte und die Autostartmöglichkeiten.

   • **Vollständig**: Bei einer kompletten Überprüfung werden alle Dateien auf der Festplatte und alle aktuell ausgeführten Programme im Arbeitsspeicher überprüft. Je nach System kann die Überprüfung länger als eine Stunde dauern.

   • **Benutzerdefiniert**: Bei der benutzerdefinierten Überprüfung können Sie die Speichermedien und Ordner bestimmen, welche auf Virenbefall hin untersucht werden sollen.

6. Aktivieren Sie den Scanvorgang dann mit einem Klick auf die ❹ Schaltfläche **Jetzt überprüfen**.

7. Anschließend wird Ihr System auf Schadsoftware untersucht.

So testen Sie das System auf Virenbefall.

Passen Sie die visuellen Effekte individuell an

Die Grafikeffekte von Windows 8 sind zwar ein wahrer Blickfang, aber sie beanspruchen Grafikkarte und Prozessor stark. Wenn bei Ihnen nach einem Mausklick erst nach einigen Sekunden etwas geschieht, sollten Sie also evtl. die visuellen Effekte reduzieren und so die Systemleistung wieder erhöhen.

1. Klicken Sie mit der rechten Maustaste auf den Startknopf und öffnen Sie die ❶ **Systemsteuerung**.

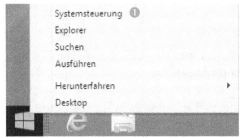

Aktivieren Sie das Kontextmenü des Startknopfs.

2. Klicken Sie oben rechts für die ❷ Anzeige auf **Große Symbole**.

3. Klicken Sie auf den ❸ Link **System** und dann oben links auf **Erweiterte Systemeinstellungen**.

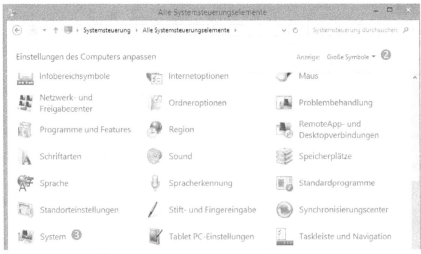

Lassen Sie sich die erweiterten Systemeinstellungen anzeigen.

4. Wählen Sie das Register **Erweitert** und im Bereich **Leistung** die Schaltfläche **Einstellungen**.

5. Aktivieren Sie die ❹ Option **Für optimale Leistung anpassen**, um die visuellen Effekte abzuschalten.

6. Über die Option **Benutzerdefiniert** stellen Sie die visuellen Effekte individuell ein.

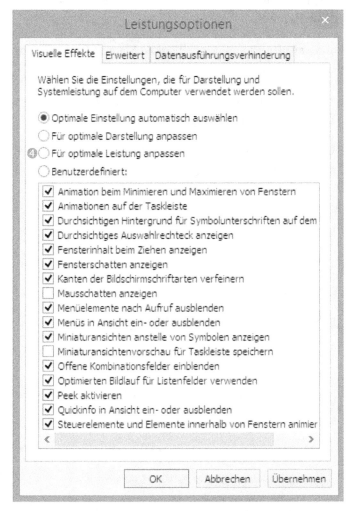

So schalten Sie alle überflüssigen optischen Effekte ab.

Überprüfen Sie den Arbeitsspeicher auf Fehler

Ihr System lief bislang immer tadellos, doch seit kurzer Zeit tauchen immer wieder unerklärliche Abstürze auf? Dann könnte daran ein defekter Speicherbaustein schuld sein. Mit der Speicherdiagnose, die in Windows 8 integriert ist, können Sie dies leicht überprüfen.

1. Starten Sie die Systemsteuerung und aktivieren Sie unter **Anzeige** die Einstellung **Große Symbole**.

2. Klicken Sie auf **Verwaltung** und doppelklicken Sie auf den ❶ Eintrag **Windows-Speicherdiagnose**.

3. Sie erhalten jetzt die Möglichkeit, den Speichertest entweder ❷ sofort vorzunehmen oder erst beim nächsten Systemstart.

4. Nachdem das System neu gestartet wurde, beginnt die Diagnose Ihres Arbeitsspeichers. Über den aktuellen Fortschritt sowie eventuelle Fehler werden Sie dabei ausführlich informiert.

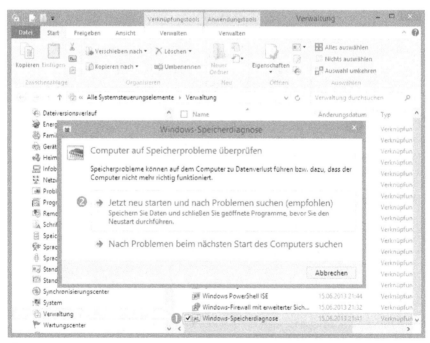

Überprüfen Sie bei sporadischen Systemabstürzen den Arbeitsspeicher.

Kontrollieren Sie bei Zugriffsfehlern die Berechtigungen

Wenn beim Öffnen einer Datei eine Meldung mit dem Hinweis angezeigt wird, dass der Zugriff verweigert wurde, gehen Sie wie folgt vor:

1. Klicken Sie mit der rechten Maustaste auf die Datei oder den Ordner und wählen Sie aus dem Kontextmenü den Eintrag **Eigenschaften**.

2. Klicken Sie auf das Register **Sicherheit** und unter **Gruppen- oder Benutzernamen** auf Ihren ❶ Namen, um festzustellen, über welche ❷ Berechtigungen Sie im System verfügen.

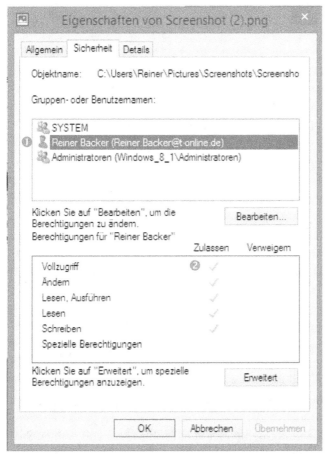

Lassen Sie sich Ihre Berechtigungen anzeigen.

Überprüfen Sie zusätzlich, ob die Datei verschlüsselt ist. Gehen Sie dazu wie folgt vor:

1. Klicken Sie auf das Register **Allgemein** und anschließend auf **Erweitert**.

2. Ist das ❸ Kontrollkästchen **Inhalt verschlüsseln, um Daten zu schützen** aktiviert, benötigen Sie zum Öffnen der Datei das Zertifikat, mit dem sie verschlüsselt wurde.

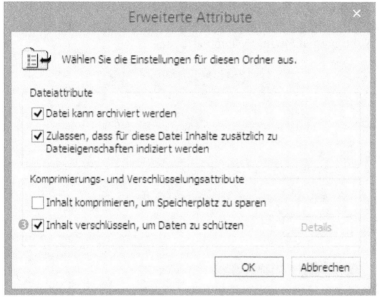

Wenn der Inhalt verschlüsselt ist, benötigen Sie ein Zertifikat für den Zugriff auf das Dokument.

Tipp! Windows 8 enthält einen Troubleshooting-Assistenten, der interaktiv eine Lösung zum ausgewählten Problem anbietet:

1. Wechseln Sie auf die Startseite und drücken Sie die Schaltfläche mit dem Pfeil nach unten.

2. Klicken Sie im Bereich **Windows-System** auf **Hilfe und Support**.

3. Geben Sie im Suchfeld Stichwörter zum Problem ein und wählen Sie den entsprechenden Eintrag.

Treiber-Troubleshooting

Wenn Ihr System nicht mehr startet oder regelmäßig abstürzt, sind die Windows-eigenen Systemfunktionen oft die letzte Rettung. Denn im abgesicherten Modus ist ein Start meist immer noch möglich. Anschließend können Sie Ihr System beispielsweise mit der Systemwiederherstellung in einen stabilen Zustand zurücksetzen.

Suchen Sie nach Treiberproblemen im Geräte-Manager

Wenn Treiber Probleme bereiten, reagiert Windows manchmal sehr empfindlich. Ein Blick in den bordeigenen Geräte-Manager bringt hier schnell Klarheit über die Fehlerursache. Dort finden Sie zahlreiche Informationen über Ihre Hardware und auch Hinweise auf mögliche Treiberfehler.

1. Um den Geräte-Manager zu aktivieren, drücken Sie die Tastenkombination **<WIN>+<Pause>**. Klicken Sie auf den ❶ Link **Geräte-Manager**.

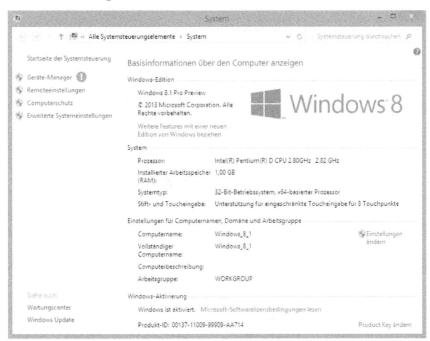

Aktivieren Sie den Geräte-Manager von Windows 8.

2. Um weitere Schaltflächen einzublenden, wählen Sie ein Gerät aus. Erweitern Sie beispielsweise den Eintrag **Grafikkarte** und klicken Sie auf den ❷ darunterliegenden Eintrag.

3. Klicken Sie ❸ hier, um nach neuer/geänderter Hardware zu suchen.

4. Ein Klick auf dieses ❹ Icon aktualisiert den Treiber für das ausgewählte Gerät.

5. Klicken Sie ❺ hier, um das ausgewählte Gerät zu deinstallieren.

6. Ein Klick auf dieses ❻ Icon deaktiviert das Gerät.

7. Um weitere Details zu einem Treibereintrag zu erhalten, klicken Sie den betreffenden Treibereintrag mit der rechten Maustaste an. Wählen Sie dann den ❼ Eintrag **Eigenschaften**, wechseln Sie auf das Register **Treiber** und klicken Sie auf ❽ die Schaltfläche **Treiberdetails**.

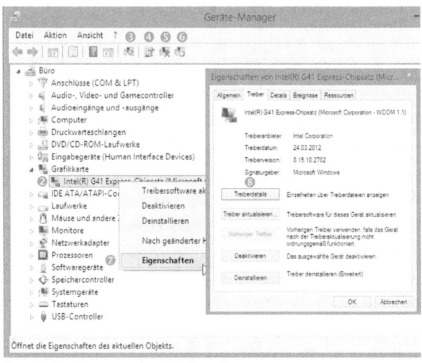

Der Geräte-Manager unter Windows 8.

Wurde eine Komponente nicht ordnungsgemäß installiert, wird Ihnen dies im Geräte-Manager mit einem Warnhinweis angezeigt:

Warnhinweis	Erklärung
? Gelbes Frage-zeichen	Mit einem großen gelben Fragezeichen kennzeichnet Windows Komponenten, die zwar von Windows korrekt erkannt wurden, für die aber noch keine Treiber installiert sind. Installieren Sie in diesem Fall den neuesten Treiber vom Hersteller dieses Geräts. Klicken Sie dazu den Eintrag mit der rechten Maustaste an und wählen **Treibersoftware aktualisieren**.
X Rotes Kreuz	Mit einem roten Kreuz kennzeichnet Windows Komponenten, die deaktiviert sind. Haben Sie das Gerät gerade neu installiert, starten Sie Ihr System neu, um das Gerät von Windows erkennen zu lassen. Haben Sie die Komponente deaktiviert, klicken Sie auf das Icon **Aktivieren** oben rechts im Geräte-Manager.
! Schwarzes Ausrufezeichen „!" auf gelbem Grund	Kritisch ist dagegen das gelbe Fehlersymbol mit einem Ausrufezeichen („!"). Windows hat das Gerät nicht erkannt und kann deshalb nicht darauf zugreifen. Um welches Problem es sich dabei handelt, verrät Ihnen der Geräte-Manager ebenfalls. Sie müssen dazu den betreffenden Eintrag nur doppelt anklicken. Meistens ist die Ursache ein defekter oder unpassender Treiber.

8. Um den Fehler zu beheben, doppelklicken Sie auf das entsprechende Warnsymbol.

9. Im Feld **Gerätestatus** erhalten Sie meistens nähere Informationen zu dem Problem.

10. Nach einem Klick auf die Schaltfläche **Problembehandlung** hilft Ihnen Windows 8 zudem bei der Reparatur, indem es Ihnen exemplarische Lösungsmöglichkeiten für einfache Fehlertypen zeigt.

11. Zusätzlich sollten Sie für die im Geräte-Manager mit einem Warnhinweis gekennzeichneten Hardware-Komponenten den jeweils aktuellsten Treiber installieren.

Wenn etwas mit Ihrer PC-Hardware nicht stimmt, zeigt der Geräte-Manager einen Fehlercode an. Nachfolgend finden Sie die wichtigsten Fehlercodes mit der dazu passenden Lösung:

Code	Meldung	Lösung
1	Das Gerät ist nicht richtig konfiguriert, weil die Hardwareerkennung fehlgeschlagen ist.	Dieser Code bedeutet, dass Windows das Gerät nicht konfigurieren kann. Zur Lösung des Problems folgen Sie den Anweisungen im Feld **Gerätestatus**. Sollte der Fehler danach nicht behoben sein, löschen Sie das Gerät aus dem Geräte-Manager und führen anschließend eine Neuinstallation mit dem Hardware-Assistenten durch. Auch eine Treiberaktualisierung kann weiterhelfen.
3	Gerätetreiber ist beschädigt oder Speicher bzw. Ressourcenmangel.	Aktualisieren Sie zuerst den Treiber für das Gerät. Führt dies nicht zur Lösung des Problems, entfernen Sie das Gerät aus dem Geräte-Manager und installieren es neu. Überprüfen Sie den Speicher und die Systemressourcen Ihres Gerätes.
8	Das Gerät funktioniert nicht, da die Treiberdatei <Name> beschädigt ist.	Klicken Sie auf **Treibersoftware aktualisieren**.
10	Gerät nicht vorhanden, funktioniert nicht richtig oder Treiber ist nicht installiert.	Stellen Sie sicher, dass das Gerät korrekt angeschlossen ist. Sollte kein Verbindungsproblem vorliegen, aktualisieren Sie den Treiber.
18	Treiber muss installiert werden.	Der Treiber ist defekt, aktualisieren Sie den Treiber.
23	Das Problem liegt bei der Grafikkarte.	Entfernen Sie die Grafikkarte aus dem Geräte-Manager und starten Sie Ihren PC neu. Aktualisieren Sie den Grafikkartentreiber.
24	Gerät nicht vorhanden.	Hardware ist defekt oder es wird ein neuer Treiber benötigt.

Durchsuchen Sie das Systemprotokoll nach fehlerhaften Treibern

Sollte das Problem durch die Aktualisierung des Treibers nicht gelöst sein, untersuchen Sie mit der Ereignisanzeige das Systemprotokoll:

1. Drücken Sie **<WIN>+<X>** und wählen den Eintrag **Systemsteuerung**.

2. Klicken Sie auf **System und Sicherheit – Verwaltung** und doppelt auf den ❶ Eintrag **Ereignisanzeige**.

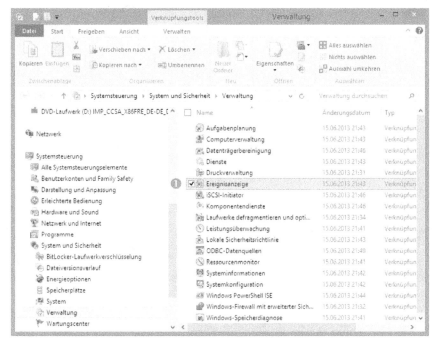

Starten Sie die Ereignisanzeige über die Systemsteuerung.

3. Erweitern Sie im linken Fensterteil durch einen Klick auf das kleine Dreieck den ❷ Ordner **Windows-Protokolle**.

4. Klicken Sie auf den ❸ Eintrag **System**, um sich das Systemprotokoll anzeigen zu lassen. In diesem Protokoll finden Sie Ereignisse, die von den Windows-Systemkomponenten protokolliert wurden. Hier werden beispielsweise Fehler beim Laden eines Gerätetreibers oder Startfehler im Zusammenhang mit anderen Systemkomponenten aufgezeichnet.

5. Klicken Sie auf ❹ **Ebene** und scrollen Sie dann im Fenster wieder nach oben, um am Anfang der Liste alle Fehler anzuzeigen.

6. Durchsuchen Sie die Einträge, die als Fehler gekennzeichnet sind. Wenn Sie unter ❺ **Quelle** einen Eintrag zu einem Treiber ausmachen, doppelklicken Sie auf diesen Eintrag. Anschließend erhalten Sie weitere Informationen über diesen Treiber, den Sie erneuern sollten.

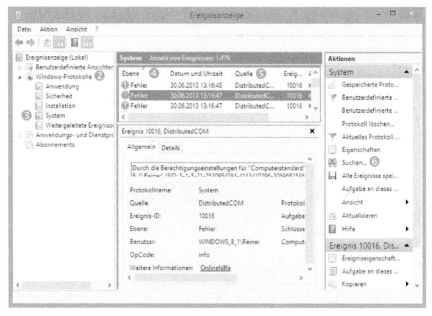

Im Systemprotokoll hinterlegt Windows 8 Meldungen, die von Treibern oder Diensten ausgelöst werden.

Tipp! Aktivieren Sie die ❻ **Suchen**-Funktion und durchsuchen Sie zusätzlich das Systemprotokoll nach Einträgen, die den Text ❼ **Treiber** beinhalten.

*Setzen Sie die **Suchen**-Funktion zur Fehler-Analyse ein.*

Nutzen Sie die Treiber-Infozentrale von Windows

Windows 8 enthält das Programm Systeminformation für die Suche nach Treiberfehlern. Um das Tool zu starten, drücken Sie <**WIN**>+<**R**>. Geben Sie **msinfo32** ein und bestätigen Sie mit <**Return**>.

1. In der Rubrik **Systemübersicht** finden Sie im Ordner **Hardware-ressourcen** den ❶ Eintrag **Konflikte/Gemeinsame Nutzung**. Benutzt ein nicht funktionierendes neues Gerät dieselben Ressourcen wie ein anderes Gerät, haben Sie den Fehler gefunden.

2. Im Ordner **Komponenten** finden Sie den hilfreichen ❷ Eintrag **Problemgeräte**. Darin werden eventuell vorhandene Geräte ohne korrekte Treiberanbindung aufgeführt.

3. Im Ordner **Softwareumgebung** hilft Ihnen der ❸ Eintrag **System-treiber**. Hier erfahren Sie neben dem ❹ Namen des Treibers auch den dazugehörigen Dateinamen, den Startzustand und Modus der einzelnen Treiber sowie weitere Informationen.

Über die Systeminformationen finden Sie alles Wissenswertes zu den Systemtreibern.

Checken Sie die unsignierten Treiber in Ihrem System

Windows 8 prüft während der Installation, ob ein Gerätetreiber von Microsoft getestet wurde und digital signiert ist. Ist dies nicht der Fall, erhalten Sie bei der Installation einen entsprechenden Warnhinweis.

Nicht von Microsoft signierte Treiber gibt es viele und die meisten funktionieren auch einwandfrei. Aber nicht signierte Treiber können auch die Ursache für eine Systemstörung sein. Es lohnt sich also zu überprüfen, welche nicht signierten Treiber in Ihrem System installiert sind:

1. Drücken Sie **<WIN>+<R>**, geben Sie den Befehl **sigverif** ein und drücken Sie **<Return>**.

2. Aktivieren Sie den Treibercheck mit einem Klick auf die ❶ Schaltfläche **Starten**.

Ermitteln Sie die unsignierten Treiber in Ihrem System.

3. Nach ungefähr einer Minute werden Ihnen alle unsignierten Treiber angezeigt. Die meisten Treiber besitzen die Dateiendung *.SYS oder *.DRV.

4. Suchen Sie dann für die in der Liste angegebenen problematischen Treiber auf den Herstellerseiten nach Treibern, die von Microsoft signiert wurden. Installieren Sie stattdessen diese Treiber.

Verwenden Sie den aktuellsten Treiber für Ihre Grafikkarte

Bei Problemen mit Ihrer Grafikkarte sollten Sie als Erstes den Grafikkartentreiber aktualisieren. Verwenden Sie dafür den Treiber des Chipherstellers der Karte. Dieser Treiber bietet Ihnen meist die beste Performance und zusätzliche Funktionen. Die Version Ihres Treibers ermitteln Sie am schnellsten über das DirectX-Diagnoseprogramm:

1. Drücken Sie <**WIN**>+<**R**>, geben Sie **dxdiag** ein und drücken Sie <**Return**>. Bestätigen Sie die Sicherheitsabfrage mit einem Klick auf **Ja**.

2. Klicken Sie auf das ➊ Register **Anzeige**, um sich die Informationen zu Ihrem Grafikkartentreiber anzeigen zu lassen.

3. Kontrollieren Sie das ➋ Datum des aktuellen Treibers.

4. Das Tool testet automatisch Ihr Grafiksystem und meldet Ihnen ➌ im unteren Bereich mögliche Ursachen für Grafikprobleme.

Lassen Sie sich das Datum Ihres Grafikkartentreibers anzeigen.

Tipp! Aber auch wenn Ihr Grafiksystem stabil läuft, sollten Sie alle zwei Monate Ihren Grafikkartentreiber aktualisieren. Das gilt besonders, wenn Sie aufwendige 3D-Anwendungen einsetzen. Denn durch ein Treiber-Update beseitigen Sie Fehler bei der Anzeige von Texturen und holen sich kostenlos neue Funktionen.

Sie erhöhen damit außerdem die Kompatibilität und optimieren oft auch die Performance Ihrer Grafikkarte bzw. des Onboard-Grafikchips. Aktuelle Treiber finden Sie auf den Internetseiten der Chiphersteller wie ATI (www.ati.com/de) oder NVIDIA (www.nvidia.de).

Alternativ bieten einige Hersteller von Grafikkarten aber auch eigene Treiber für ihre Karten an. Diese bieten gelegentlich zusätzliche Funktionen, die genau auf die Karte abgestimmt sind. Dazu zählen beispielsweise die Treiber von ASUS.

Den Treiber auf der Installations-CD zur Grafikkarte sollten Sie hingegen nicht verwenden, da er in der Regel veraltet ist. Den mitgelieferten Grafikkartentreiber können Sie allenfalls als Notlösung einsetzen, wenn überhaupt kein anderer Treiber zur Hand ist.

Beheben Sie Treiber-Pannen beim Austausch der Grafikkarte

Häufig gibt es Probleme, wenn eine neue Grafikkarte ein älteres Modell ersetzt. Das ist besonders der Fall, wenn die neue Grafikkarte mit einem anderen GPU-Typ als das Vorgängermodell ausgestattet ist. Löschen Sie deshalb vor dem Austausch den Treiber Ihrer alten Grafikkarte. Windows setzt dann anstelle des herstellerspezifischen Treibers den VGA-Standardtreiber ein.

1. Drücken Sie dazu die Tastenkombination **<WIN>+<Pause>**.

2. Klicken Sie auf den Link **Geräte-Manager**.

3. Erweitern Sie den ❶ Eintrag **Grafikkarte** und doppelklicken Sie auf den ❷ Eintrag für Ihre Grafikkarte.

4. Klicken Sie auf das ❸ Register **Treiber** und anschließend auf die ❹ Schaltfläche **Deinstallieren**.

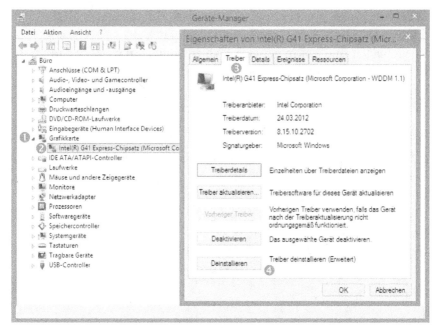

Entfernen Sie den Grafikkartentreiber mithilfe des Geräte-Managers.

5. Fahren Sie anschließend Windows herunter und trennen Sie den PC vom Stromnetz.

6. Tauschen Sie die Grafikarte aus und starten Sie anschließend Ihr System.

7. Installieren Sie den neuesten Treiber für die Grafikkarte direkt vom Hersteller. Dieser bietet meist ein eigenständiges Paket mit Installations-Assistenten für die Grafikkarte an.

Lösen Sie STOP-Fehler, die durch fehlerhafte Treiber ausgelöst werden

Beschädigte oder falsch programmierte Treiber lösen meist einen STOP-Fehler aus, der in Form eines Bluescreen angezeigt wird. Stoppt Windows mit einem Bluescreen, geht anschließend nichts mehr. Der Windows-Kernel hat eine Situation festgestellt, die er ohne mögliche System-Inkonsistenzen oder Datenverluste nicht mehr beheben kann.

Der Kernel reagiert auf diesen Ausnahmezustand mit einem „Bug Check", hält Ihr System gezielt an und gibt Ihnen anschließend auf einem blauen Bildschirm mit einer Fehlermeldung in weißer Schrift Hinweise zu dem aufgetretenen Problem. Bevor es zum eigentlichen Stopp kommt, kann das System aber auch noch ein Speicherabbild für weiterführende Analysen in einer Datei sichern.

Der ❶ Bluescreen unter Windows 8 schaut etwas wohlwollender aus als die Vorgängerversionen. Doch sind auch hier erstmals alle ungesicherten Daten weg. Einen Hinweis auf den Auslöser des System-Crash bekommen Sie unter Windows 8 nur in Form der ❷ Fehlermeldung (Bug Check String). Wichtige Angaben, wie der Fehlercode oder die Parameter, fehlen meist komplett.

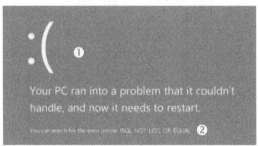

Ein Bluescreen unter Windows 8.

Setzen Sie deshalb unter Windows 8 das Tool **BlueScreenView** (www.nirsoft.net) ein. Dieses zeigt Details zum ausgelösten Bluescreen an. Suchen Sie nach den Angaben unter ❸ **Bug Check String** und **Bug Check Code** per Google (www.google.de) im Internet.

Dump File	Crash Time	Bug Check String	Bug Check Code	Parameter 1	Parameter 2
060613-22109-01.dmp	06.06.2013 19:15:41		0x00000124	0x00000000	0x85d4f8fc
042513-40312-01.dmp	25.04.2013 16:40:26	MACHINE_CHECK_EXCE...	0x0000009c	0x00000000	0x81831da0

Filename	Address In St...	From Address	To Address	Size	Time Stamp
halmacpi.dll	halmacpi.dll+25854	0x81611000	0x81666000	0x00055000	0x5087515f
ntoskrnl.exe	ntoskrnl.exe+b462d	0x81666000	0x81bf2000	0x0058c000	0x50ecebab
kd.dll		0x80c18000	0x80c20000	0x00008000	0x5010adc7

Analysieren Sie den Auslöser des Bluescreens mit ***BlueScreenView***.

Hinweis: Sollte das Tool keine Infos zu einem Bluescreen liefern, müssen Sie in der Systemsteuerung unter **System und Sicherheit – System –** ❹ **Erweiterte Systemeinstellungen –** ❺ **Starten und Wiederherstellen** kontrollieren, dass der ❻ Bluescreen in das Systemprotokoll eingetragen wird (voreingestellt).

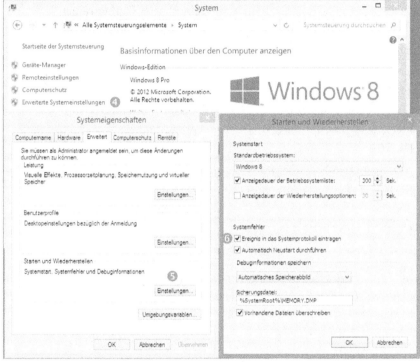

Kontrollieren Sie die Starten- und Wiederherstellen-Einstellungen.

Tipp! Beim Auftreten eines STOP-Fehlers sollten Sie zuerst Ihr System auf die zuletzt funktionierende Systemkonfiguration zurücksetzen. Sollte der Fehler beim Systemstart auftreten, aktivieren Sie dazu den abgesicherten Modus. Weitere Informationen zur Vorgehensweise finden Sie im Kapitel Fehlerlösungen & Reparaturen mit Bordmitteln von Windows 8.

STOP-Fehler werden zu 90 % durch Treiberfehler ausgelöst. Beachten Sie dabei den entsprechenden Fehlercode im rechten Teil der Fehlermeldung. Folgende Codes verweisen auf einen Treiberfehler:

Fehlertext	Beschreibung
CM_PROB_NOT_ CONFIGU-RED	Keine Treiber verfügbar
CM_PROB_FAILED_ START	Treiber oder Gerät defekt
CM_PROB_PARTIAL_ LOG_ CONF	Fehlerhafte Hardware oder fehlerhafter Gerätetreiber
CM_PROB_UKNOWN_ RESOURCE	Defekter oder ungültiger Gerätetreiber
CM_PROB_DEVICE_ NOT_ THERE	Treiber fehlerhaft
CM_PROB_FAILED_ INSTALL	Defekte Treiberinfodatei
PROCESS_HAS_LOCKED_ PAGES	Treiber fehlerhaft
NO_MORE_SYSTEM_PTES	Treiber fehlerhaft
IRQL_NOT_LESS_OR_EQUAL	Fehlerhafter Treiber oder defekte Hardware
KMODE_EXCEPTION_NOT_ HANDLED	Treiber fehlerhaft

Die Fehlercodes geben Ihnen Auskunft über die Art des Treiberfehlers – Abhilfe schaffen Sie, indem Sie einen neuen Treiber installieren.

Druckerprobleme schnell gelöst

Wenn der Drucker rein technisch in Ordnung ist und Windows 8 trotzdem keinen Ausdruck zustande bringt, beginnt oft eine mühsame Fehlersuche. Nach der Überprüfung von den Bedienungselementen, Kabel und Papiervorrat verbleibt nur noch ein Systemproblem.

Setzen Sie den Druck-Ratgeber ein

Eine zeitaufwändige und komplizierte Fehlersuche können Sie vermeiden, wenn Sie den Druck-Ratgeber in Anspruch nehmen. Dieser führt Sie interaktiv Schritt-für-Schritt zur Lösung des Druckproblems:

1. Aktivieren Sie die Systemsteuerung (**<WIN>+<X>**) und wählen unter **Anzeige** den Eintrag **Große Symbole** aus.

2. Klicken Sie auf **Wartungscenter** und dort im unteren Bereich auf den Link **Problembehandlung**.

3. Klicken Sie auf den ❶ Link **Drucker verwenden** und im nächsten Fenster auf die ❷ Schaltfläche **Weiter**.

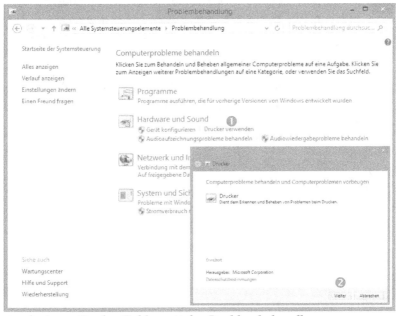

Analysieren Sie den Fehler mit der Problembehandlung.

4. Anschließend wird die Problembehandlung gestartet und mögliche Druckerfehler analysiert.

5. Klicken Sie auf ❸ **Diese Reparaturen als Administrator ausführen**.

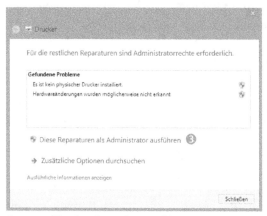

Lassen Sie das Druckerproblem vom System lösen.

Installieren Sie den Druckertreiber neu

Wenn der oben beschriebene Druck-Ratgeber keine Lösung des Problems findet und die Drucker-Eigenschaften ordnungsgemäß eingestellt sind, sollten Sie zur Lösung des Problems den Druckertreiber entfernen und neu installieren.

1. Starten Sie dazu die Systemsteuerung (**<WIN>+<X>**) und klicken Sie in der ❹ **Kategorie**-Ansicht im Bereich **Hardware und Sound** auf ❺ **Geräte und Drucker anzeigen**.

Lassen Sie sich die installierten Drucker anzeigen.

2. Klicken Sie mit der rechten Maustaste auf den Drucker, den Sie entfernen möchten und wählen Sie den ⑥ Eintrag **Gerät entfernen**.

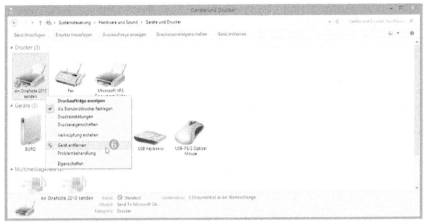

Entfernen Sie den Druckertreiber über das Kontextmenü.

3. Wenn Sie den Drucker nicht löschen können, klicken Sie erneut mit der rechten Maustaste auf den Drucker, klicken Sie auf **Als Administrator ausführen** und klicken Sie anschließend auf **Löschen**. Wenn Sie aufgefordert werden, ein Administratorkennwort oder eine Bestätigung einzugeben, geben Sie das Kennwort bzw. die Bestätigung ein.

4. Installieren Sie anschließend den Druckertreiber neu. Sofern Ihr Druckerhersteller eine spezielle Installationsroutine bereitstellt, verwenden Sie diese in der neuesten Version von der Support-Seite des Herstellers im Internet. Wenn nicht, setzen Sie wie nachfolgend beschrieben den Druckerinstallations-Assistenten ein.

Richten Sie den Drucker mit dem Installations-Assistenten ein

Wenn Ihr Drucker über einen USB-Anschluss verfügt, sollte der Drucker beim Anschließen automatisch von Windows erkannt und installiert werden. Wenn nicht, müssen Sie den Drucker manuell installieren. Folgen Sie dazu einfach der nachfolgenden Schritt-für-Schritt-Anleitung:

1. Aktivieren Sie die Systemsteuerung (**<WIN>+<X>**) und geben Sie oben rechts in das **Suchen**-Feld den Text **drucker** ein.

2. Klicken Sie auf **Geräte und Drucker** und ❶ **Drucker hinzufügen**.

Setzen Sie zum Installieren den Druckerinstallations-Assistenten ein.

3. Wählen Sie im Druckerinstallations-Assistenten den Punkt **Einen lokalen Drucker hinzufügen**.

4. Geben Sie den vorhandenen Anschluss an und klicken Sie auf **Weiter**.

5. Wählen Sie auf der Seite **Den Druckertreiber installieren** den Druckerhersteller und das Druckermodell aus und klicken Sie auf **Weiter**.

   - Wenn Ihr Drucker nicht aufgelistet ist, klicken Sie auf **Windows Update** und warten Sie, während Windows nach zusätzlichen Treibern sucht.

   - Wenn keine Drucker verfügbar sind und Sie über die Installations-CD verfügen, klicken Sie auf **Datenträger** und navigieren Sie dann zum Ordner in dem der Druckertreiber gespeichert ist.

6. Folgen Sie abschließend den Anweisungen des Assistenten und klicken Sie auf **Fertig stellen**.

Kontrollieren Sie die Druckwarteschlange

Der Druckvorgang unter Windows wird über den Spooler-Dienst (Druckwarteschlange) abgewickelt. Dieser Dienst muss aktiviert sein, ansonsten ist das Drucken nicht möglich und Sie erhalten die Fehlermeldung, dass der Dienst nicht gestartet wurde.

Um zu überprüfen, ob der Dienst aktiviert ist, gehen Sie wie folgt vor:

1. Drücken Sie die Tastenkombination **<WIN>+<X>** und wählen Sie aus dem Menü den Eintrag **Systemsteuerung**. Geben Sie oben rechts im Suchfeld den Text **dienste** ein.

2. Klicken Sie dann auf den ➊ Link **Lokale Dienste anzeigen**.

Lassen Sie sich die lokalen Dienste anzeigen.

3. Doppelklicken Sie auf den ➋ Dienst **Druckwarteschlange**.

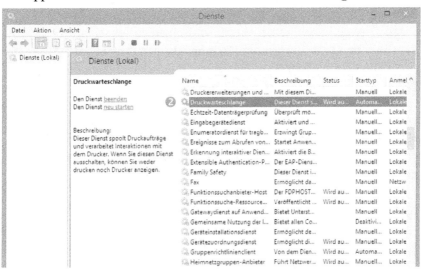

Lassen Sie sich die Eigenschaften der Druckwarteschlange anzeigen.

4. Stellen Sie den Starttyp auf ❸ **Automatisch** ein und starten Sie den Dienst neu, falls dieser beendet ist.

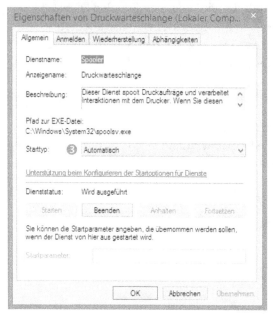

Stellen Sie sicher, dass der Spooler-Dienst gestartet wurde.

Prüfen Sie die Einstellungen im BIOS

Streikt Ihr neuer Drucker oder ein anderes externes Gerät, könnte möglicherweise auch im BIOS etwas falsch eingestellt sein. Überprüfen Sie daher im Menü **Integrated Peripherals** oder **Advanced – I/O Device Configuration** die Einstellungen zu den integrierten Peripheriegeräten.

Tipp! Um das BIOS-Setup zu aktivieren, drücken Sie je nach BIOS-Hersteller beim PC-Start eine der folgenden Tasten: <F1>, <Entf>, <Strg>+<Alt>+<Esc> oder <Strg>+<Esc>. Welche Taste das ist, wird beim Systemstart angezeigt.

- **Onboard Parallel Port**: Stellen Sie hier **Auto** bzw. **378/IRQ7** ein. Die Standardadresse der ersten parallelen Schnittstelle LPT1 ist 378h, LPT2 wird auf 278h gelegt. Bietet das Menü die Option Auto, kann das BIOS eine andere Adresse konfigurieren, falls es bei der Standardadresse Probleme gibt.

- **Parallel Port Mode**: Diese Option bestimmt die Datenübertragungs-
  art für die parallele Schnittstelle. Die beste Einstellung ist hier **ECP**
  (Extended Capability Port). Das ist die schnellste Übertragungsart,
  weil sie unter anderem die Datenkomprimierung beherrscht. Sie
  benötigt aber auch einen zusätzlichen DMA-Kanal. Sollten Sie
  Probleme mit Ihrem Drucker haben, versuchen Sie die Einstellung
  EPP (Enhanced Parallel Port).

- **USB Device**: Diese Einstellung sollten Sie auf **Enabled** setzen, um
  die USB-Ports auf Ihrem Motherboard verwenden zu können.

- **OnChip 1394**: Hier konfigurieren Sie den Onboard-FireWire-
  Anschluss. Um diesen zu aktivieren, stellen Sie die Option auf
  Auto. Sollten Sie FireWire nicht nutzen, können Sie die FireWire-
  Schnittstelle mit **Disabled** auch deaktivieren.

```
        CMOS Setup Utility - Copyright © 1984-2006 Award Software
                        I/O Device Configuration

  Onboard Serial Port          [Auto]       Item Help

  Onboard Parallel Port        [Auto]       Menu Level ▶

  Parallel Port Mode           [ECP]
                                            BIOS can automatically
  USB Device                   [Enabled]    Configure all the

  USB Keyboard Support         [Enabled]    Boot and Plug and Play
                                            Compatible devices.
  OnChip 1394                  [Auto]       If you cannot select IRQ

  Infrared-Port                [Auto]       DMA and memory base
                                            Adress fields, since
  Onboard 6Ch H/W Audio        [Enabled]    BIOS automatically

  Joystick                     [Enabled]    Assigns them


  Move   Enter: Select   +/-/PU/PD:Value      F10:Save          ESC:Exit
  F1:General Help        F5:Previus Values    F7: BIOS Setup Defaults
```

Hier finden Sie die BIOS-Optionen für Ihre Schnittstellen.

Hinweis: Sollte Ihr System durch das Verändern der BIOS-Optionen
instabil werden, aktivieren Sie im Hauptmenü mit **Load BIOS Setup
Defaults** wieder die vom Hersteller vorgegebenen Standardwerte.
Da diese auf ein stabiles System hin optimiert sind, sollte Ihr PC
anschließend wieder fehlerfrei arbeiten.

Checkliste: Erste Hilfe bei Druckerproblemen

Oft sind die Ursachen für ein Druckerproblem trivial, anhand der folgenden Checkliste können Sie die Ursache schnell finden:

- Ist das Netzkabel an den Drucker und eine stromführende Steckdose angeschlossen?

- Sind der Drucker und der Computer eingeschaltet?

- Ist das USB-Kabel an den Drucker und an den Computer angeschlossen?

- Blinken Druckerleuchten oder zeigt das Display eine Warnung an? Informationen hierzu finden Sie im Drucker-Handbuch.

- Bei Tintendruckern: Haben Sie den Aufkleber und das Klebeband auf Rück- und Unterseite der Tintenpatronen entfernt?

- Bei Laserdruckern: Haben Sie die Schutzfolie am Tonerausgang der Kartusche entfernt?

- Ist das Papier vorschriftsmäßig eingelegt? Stellen Sie sicher, dass das Papier nicht zu weit in den Drucker geschoben wurde.

- Ist der Drucker als Standarddrucker eingerichtet? Wenn Nein, definieren Sie den Drucker als Standard:

  1. Wechseln Sie in die Systemsteuerung und aktivieren Sie den Drucker-Dialog.

  2. Klicken Sie mit der rechten Maustaste auf den Drucker und vergewissern Sie sich, dass die ➊ Option **Als Standarddrucker festlegen** ausgewählt ist.

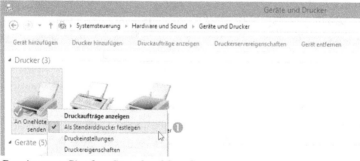

Bestimmen Sie den Standarddrucker.

Registry-Troubleshooting und -Tipps

Die Registrierungsdatenbank (Registry) von Windows 8 dient als zentrale Sammelstelle für alle systemspezifischen Einstellungen. Sie speichert die Informationen zu Hardware-Konfiguration, Einstellungen von Programmen sowie Benutzereinstellungen zu Desktop und Startmenü. Hier sind Sie also genau richtig, wenn Sie Windows individuell konfigurieren und hartnäckige Systemstörungen beseitigen möchten.

So starten Sie den Registrierungseditor

Um die in diesem Kapitel vorgestellten Registry-Einstellungen vorzunehmen, benötigen Sie den Registrierungseditor von Windows. Um den Start dieses Tools nicht bei jeder Registry-Einstellung immer wieder zu beschreiben, geschieht dies einmalig an dieser Stelle. Um den Registrierungseditor zu starten, gehen Sie folgendermaßen vor:

1. Drücken Sie <WIN>+<R>, um den **Ausführen**-Dialog anzuzeigen.

2. Geben Sie im Feld **Öffnen** den ❶ Befehl **regedit** ein und klicken Sie auf die ❷ Schaltfläche **OK**. Bestätigen Sie ggf. die Sicherheitsmeldung mit einem Klick auf **Ja**.

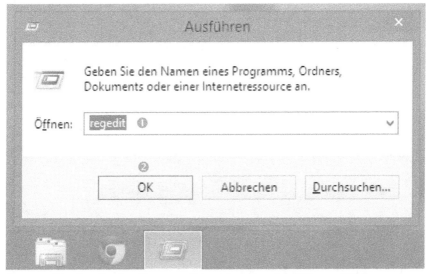

*Starten Sie den Registrierungseditor über den **Ausführen**-Dialog.*

Sicher ist sicher: Sichern Sie die Registry

Bevor Sie die nachfolgenden Registry-Einstellungen ausprobieren, sollten Sie Ihre Registry sichern. Keine Angst! Alle in diesem Kapitel aufgeführten Registry-Einstellungen sind ausführlich auf ihre Funktionen getestet. Aber sicher ist sicher – überlassen Sie nichts dem Zufall.

Starten Sie, wie auf der vorherigen Seite beschrieben, den Registrierungseditor und wählen Sie den Schlüssel aus, welchen Sie sichern möchten.

1. Klicken Sie jetzt im Menü auf ❶ **Datei – Exportieren** und vergeben Sie eine Bezeichnung für den Schlüssel.

2. Wählen Sie einen ❷ Speicherort für den Schlüssel und klicken Sie auf **Speichern**. Um den Schlüssel im Bedarf wiederherzustellen, doppelklicken Sie auf die erstellte Datei und bestätigen die Sicherheitsabfrage mit einem Klick auf **Ja**.

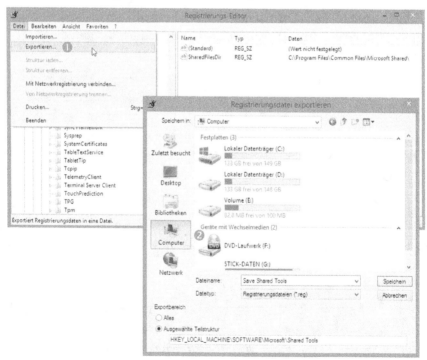

So sichern Sie einen einzelnen Registry-Schlüssel.

Beseitigen Sie Verzögerungen beim Programmstart

Wenn Programme erst nach einer kleinen Verzögerung starten, können Sie das mit einem Eingriff in der Registry ändern.

1. Wechseln Sie zum Schlüssel HKEY_CURRENT_USER\Software\Microsoft\Windows\CurrentVersion\Explorer.

2. Legen Sie unter **Explorer** den Schlüssel **Serialize** an. Klicken Sie dazu auf **Explorer** und wählen **Bearbeiten – Neu – Schlüssel**.

3. Klicken Sie mit der rechten Maustaste in den rechten Fensterteil und wählen Sie aus dem Kontextmenü den ❶ Eintrag **Neu – DWORD-Wert (32-Bit)**.

4. Vergeben Sie für den Eintrag die ❷ Bezeichnung **StartupDelayInMSec** und belassen Sie den Wert auf **0**.

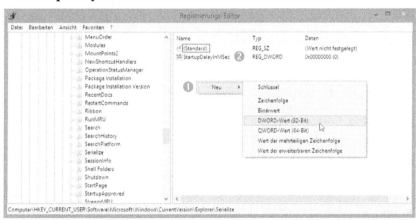

Beschleunigen Sie den Programmstart mit einem Eingriff in die Registry.

Lassen Sie nach der Installation das DVD-Laufwerk wieder anzeigen

Bei älteren DVD-Laufwerken kann es vorkommen, dass diese nach der Installation von Windows 8 nicht mehr angezeigt werden. Um das Problem zu beheben, gehen Sie wie folgt vor:

1. Wechseln Sie zum Schlüssel HKEY_LOCAL_Machine\SYSTEM\CurrentControlSet\Services\atapi\Controller0.

2. Wenn in der rechten Fensterhälfte der ❶ Eintrag **EnumDevice1** fehlt, legen Sie diesen neu an.

3. Weisen Sie dem Eintrag den ❷ Wert **1** zu und klicken Sie auf **OK**.

4. Starten Sie das System neu, jetzt sollten die DVD-Laufwerke wieder angezeigt werden.

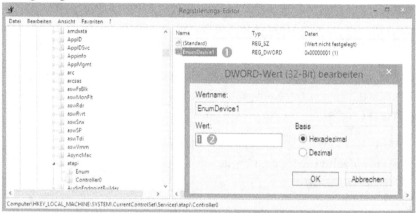

Binden Sie ältere ATAPI-Laufwerke in das Dateisystem ein.

Beseitigen Sie doppelte Links auf dem Desktop

Wenn Sie auf dem Desktop eine Verknüpfung anlegen, erscheint diese manchmal in zweifacher Ausführung. Sie sehen dann zwei Icons mit identischem Namen. Dahinter stehen aber offensichtlich nicht zwei verschiedene Dateien. Denn wenn Sie in den Eigenschaften nachsehen, zeigen dort beide Links den gleichen Pfad. Außerdem verschwinden die Verknüpfungen auch wieder paarweise, wenn Sie nur eine von beiden löschen. So korrigieren Sie das Problem:

1. Navigieren Sie zum Schlüssel HKEY_LOCAL_MACHINE\ SOFTWARE\Microsoft\Windows\CurrentVersion\Explorer\User Shell Folders.

2. Doppelklicken Sie im rechten Fensterteil auf den ❶ Eintrag **Common Desktop** und weisen ihm den ❷ Wert **%PUBLIC%\Desktop** zu.

3. Starten Sie Ihr System neu, damit für eine Verknüpfung nunmehr ein Icon angezeigt wird.

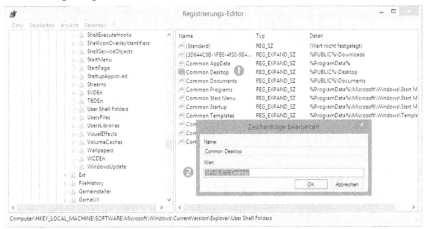

So lösen Sie das Desktop-Chaos mit den doppelten Icons.

Schotten Sie die Explorer-Fenster voneinander ab

Wenn Sie im Windows- oder im Internet Explorer mehrere Fenster geöffnet haben und der Explorer dann abstürzt, werden auch die Fenster geschlossen. Das können Sie verhindern, wenn Sie jedem Explorer-Fenster einen eigenen Prozess zuordnen. So aktivieren Sie die Funktion:

1. Wechseln Sie zum ❶ Schlüssel HKEY_CURRENT_USER\Software\ Microsoft\Windows\ CurrentVersion\Explorer\Advanced.

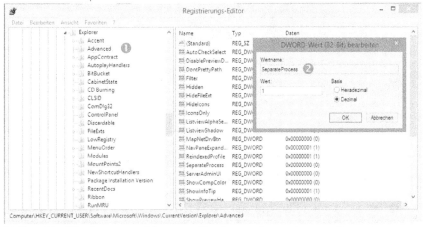

Teilen Sie Windows- und Internet Explorer einen eigenen Prozess zu.

2. Erstellen Sie den ❷ Eintrag **SeparateProcess** (DWORD-Wert), wenn dieser noch nicht vorhanden ist. Weisen Sie ihm den Wert **1** zu.

3. Bei einem Absturz wird dann nur noch das betreffende Explorer-Fenster geschlossen.

Tipp! Setzen Sie den Wert auf **0** oder löschen Sie den Wert einfach, wenn Sie eine Änderung in der Registry wieder auf die Voreinstellung setzen möchten.

Binden Sie die Bluetooth-Geräte wieder in Ihr System ein

Unter Windows kann es Probleme mit Ihren Bluetooth-Geräten geben. Entweder werden sie nicht korrekt erkannt, Dienste funktionieren nicht oder Sie können keine Verbindung zu den Geräten herstellen. So schaffen Sie Abhilfe:

1. Wechseln Sie zum ❶ Schlüssel HKEY_LOCAL_MACHINE\ SYSTEM\CurrentControlSet\Control\Class\{e0cbf06c-cd8b-4647-bb8a-263b43f0f974}.

2. Klicken Sie den Eintrag mit der rechten Maustaste an und ❷ löschen Sie ihn.

Löschen Sie den Bluetooth-Eintrag in der Registry.

3. Starten Sie den Geräte-Manager: <WIN>+<Pause> und klicken Sie auf **Geräte-Manager**.

4. Markieren Sie den Bluetooth-Eintrag des betreffenden Geräts und löschen Sie diesen.

5. Wählen Sie ❸ **Aktion – Nach geänderter Hardware suchen** und installieren Sie den Bluetooth-Treiber neu.

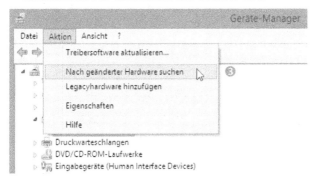

Entfernen und installieren Sie den Bluetooth-Treiber neu.

Reparieren Sie die umgeleitete Startseite im Internet Explorer

Die Manipulation des Internet Explorer erfreut sich wachsender Beliebtheit bei Anbietern von meist unseriösen Angeboten. Nach dem Besuch einer Seite wird diese dann ohne Nachfrage einfach als Startseite eingetragen. Durch einen Klick auf **Extras – Internetoptionen** im Internet Explorer, können Sie die gewünschte Website im Bereich Startseite zwar schnell wieder herstellen. Manchmal ist diese Funktion aber blockiert worden.

Um die Standardseite wiederherzustellen, müssen Sie dann einige Schlüssel aus der Registry entfernen:

1. Wechseln Sie zum Schlüssel HKEY_CURRENT_USER\Software\ Microsoft\Internet Explorer\Main.

2. Suchen Sie im rechten Fenster die ❶ Einträge **Search Bar**, **Search Page** und **Start Page**.

3. Falls vorhanden, klicken Sie mit der rechten Maustaste auf die Einträge und ❷ löschen diese. Es müssen nicht alle der obigen Einträge vorhanden sein. Löschen Sie einfach die, die vorhanden sind.

4. Dadurch wird die gewohnte Startseite und die Einstell-Funktion im Bereich **Startseite** wieder aktiviert.

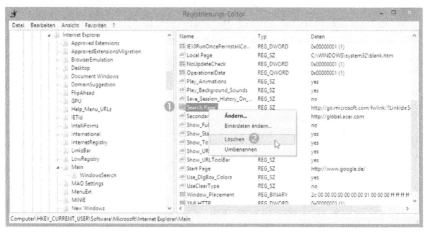

Stellen Sie die gewohnte Startseite wieder her.

Stellen Sie Ihre Windows-Fenster individuell ein

Sie möchten Ihre Windows-Fenster vergrößern oder die Scroll-Leisten individuell anpassen? Durch einen kleinen Eingriff in die Registry ist das ganz einfach:

1. Wechseln Sie zum ❶ Schlüssel HKEY_CURRENT_USER\
ControlPanel\Desktop\WindowMetrics.

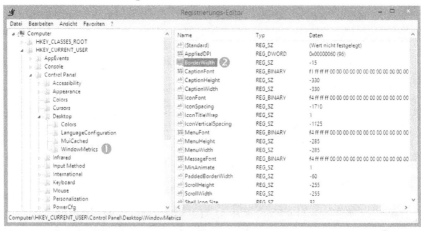

Passen Sie die Windows-Fenster nach Ihren Wünschen an.

2. Passen Sie die ❷ Einträge im rechten Fensterteil nach Ihren Wünschen an:

Eintrag	Erklärung
BorderWidth	Bestimmt die Rahmenbreite des Fensters in Pixel.
CaptionHeight	Legt die Höhe der Schaltflächen in der Titelleiste eines Fensters in Pixel fest.
CaptionWidth	Stellt die Breite der Schaltflächen in der Titelleiste eines Fensters in Pixel ein.
IconSpacing	Konfiguriert den Abstand der Schaltflächen/Icons zueinander in Pixel.
MenuHeight	Bestimmt die Höhe der Menüleiste in Pixel.
MenuWidth	Legt die Breite der Schaltflächen der Menüleiste in Pixel fest.
ScrollHeight	Stellt die Breite der horizontalen Bildlaufleiste in Pixel ein.
ScrollWidth	Bestimmt die Breite der vertikalen Bildlaufleiste in Pixel.
Shell Icon Size	Konfiguriert die Höhe und Breite der Symbole, die auf dem Desktop angezeigt werden.

Stellen Sie die Windows-Fenster individuell ein.

Hinweis: Bei einigen Programmen funktionieren diese Einstellungen aber nicht, denn sie erwarten das Standard-Layout und setzen die Einstellungen entsprechend zurück.

So lassen sich Ihre Anwendungen wieder installieren

Wenn bei der Installation einer Anwendung die Installations-Routine plötzlich einfriert, liegt das meist an einer fehlerhaften Einstellung in der Registry. So berichtigen Sie die Einstellung und bringen den Windows-Installer wieder zum Laufen:

1. Wechseln Sie zum ❶ Schlüssel HKEY_CURRENT_USER\Software\ Microsoft\Windows\CurrentVersion\Explorer\Shell Folders.

2. Doppelklicken Sie auf den Eintrag **Recent** und tragen Sie hier den Pfad ❷ C:\Users\<*Benutzername*>\AppData\Roaming\Microsoft\ Windows\Recent ein. Der Eintrag <*Benutzername*> steht für den aktuell angemeldeten Anwender am System.

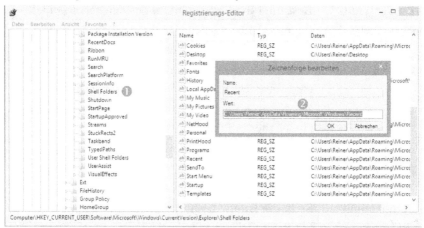

Reparieren Sie den Windows Installer durch einen kleinen Eingriff in die Registry.

Beseitigen Sie DLL-Fehler und ordnen Sie einem Programm die richtigen DLLs zu

DLLs haben viele Vorteile: Mehrere Programme können eine gemeinsame DLL verwenden. Das spart zum einen erheblich Speicherplatz, zum anderen werden die ausführbaren Programme durch die Anbindung der DLL-Routinen zur Laufzeit erheblich kleiner. Das wiederum wirkt sich positiv auf die Verteilung und die Ladezeit aus. Darüber hinaus tragen die DLLs auch zur Standardisierung bei. So wird beispielsweise von fast allen Programmen zur Auswahl von Dateien immer der gleiche Microsoft-Standarddialog verwendet.

Der Nachteil: Durch eine immer noch nicht ausgereifte und unzureichende Versionsverwaltung können falsche oder fehlerhafte DLLs Programmabstürze verursachen oder sogar Ihr System lahmlegen.

Anwendungsspezifische DLLs sollten normalerweise im Ordner des jeweiligen Programms gespeichert sein. Das ist jedoch leider nicht immer der Fall. Denn manche Programmierer speichern ihre DLLs einfach im Windows-Systemordner. Wenn dort bereits eine DLL mit demselben Namen existiert und die Installationsroutine diesen Fall nicht abfragt, wird diese DLL einfach überschrieben. Andere Entwickler liefern bestimmte Versionen der verwendeten System-DLLs mit der Installationsroutine aus und legen diese DLLs redundant im Programmordner ab, was auch nicht Sinn der Sache ist.

Beim Laden einer Anwendung kann es dann zum Zugriff auf eine gleichnamige, jedoch nicht zur Anwendung gehörende, DLL kommen. Denn die benötigte DLL wird zuerst immer im jeweiligen Programmordner gesucht und von dort geladen.

Ist die DLL dort nicht zu finden, wird sie in den Windows-System-Ordnern **\WINDOWS\system** bzw. **\WINDOWS\system32** und danach im Ordner **\WINDOWS** gesucht und ggf. von dort aus gestartet. Wurde die DLL bereits von einem anderen Programm angefordert und befindet sich noch im Speicher, wird jedoch auf die im Speicher befindliche DLL zugegriffen. Damit ist jedoch nicht sichergestellt, dass es sich um die richtige DLL handelt. Den Zugriff auf die falsche DLL allerdings quittiert das jeweilige Programm mit einer Fehlermeldung oder stürzt komplett ab.

Um diese Probleme zu vermeiden, können Sie unter Windows jedem Programm einen Pfad zu den dazugehörenden DLLs zuordnen. Das ist praktisch, denn häufig verwenden Programme zwar dieselben DLLs, funktionieren aber nur mit unterschiedlichen Versionen dieser DLLs.

Mit der nachfolgenden Registry-Einstellung können Sie von DLLs verschiedene Versionen auf Ihren Systemen bereitstellen, damit diese sich nicht „ins Gehege" kommen:

1. Wechseln Sie zum Schlüssel ❶ HKEY_LOCAL_MACHINE\ SOFTWARE\Microsoft\Windows\ CurrentVersion\App Paths.

2. Unter diesem Schlüssel finden Sie die ❷ Programmnamen und im rechten Fensterteil den Pfad zum jeweiligen Programm bzw. die Pfade zu den dazugehörigen DLLs.

Hier finden Sie Angaben zur DLL und Programm.

Eintrag	Erklärung
Standard	Beinhaltet den Pfad und den Namen zum Programm.
Path	Enthält den Pfad oder, durch Semikolon getrennt, die Pfade zu den benötigten DLLs.

Hier finden Sie die zum Programm gehörenden DLLs.

Tipp! Sollte der Schlüssel für das jeweilige Programm fehlen, legen Sie ihn mit dem Namen der EXE-Datei neu an: **Bearbeiten – Neu – Schlüssel**. Geben Sie anschließend unter dem Eintrag (Standard) den Namen des ausführbaren Programms mit vollständiger Pfadangabe an. Erstellen Sie nun mit **Neu – Zeichenfolge** einen neuen Eintrag **Path** und geben Sie hier den Pfad zu den dazugehörenden DLLs an. Sie können hierbei auch mehrere Pfade, getrennt durch Semikolon, angeben.

Löschen Sie veraltete DLL-Dateien von Ihrem System

Bei der Deinstallation eines Programms werden Sie manchmal gefragt, ob eine bestimmte DLL-Datei gelöscht werden darf. Ob diese DLL-Datei noch von anderen Programmen auf Ihrem System gebraucht wird, prüfen Sie mit einem Blick in der Registry.

1. Starten Sie den Registrierungseditor und wechseln Sie zum ❶ Schlüssel HKEY_LOCAL_MACHINE\ SOFTWARE\Microsoft\ Windows\CurrentVersion\ SharedDLLs.

2. Im rechten Fenster sehen Sie nun die eingetragenen DLL-Dateien. Schauen Sie sich in der Spalte **Daten** die Ziffer in Klammern genau an. Dieser Wert gibt an, wie viele Dateien diese DLL benötigen.

3. Wenn die DLL den ❷ Wert **0** aufweist, können Sie diese im Windows-Explorer löschen.

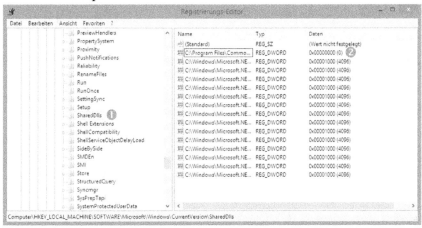

Kontrollieren Sie, ob die DLL-Datei noch von anderen Programmen benötigt wird.

So entfernen Sie gelöschte Programme aus der Softwareliste

In der Systemsteuerung werden Ihnen unter **Programme** alle ❶ installierten Anwendungen angezeigt.

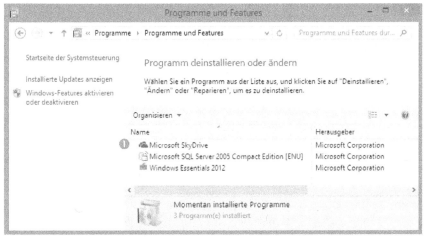

In der Systemsteuerung finden Sie die unter Windows 8 installierten Programme.

Ist die Deinstallation eines Programms nicht ordnungsgemäß erfolgt, kann es sein, dass Windows die Anwendung dort immer noch aufführt, obwohl sie nicht mehr vorhanden ist.

Das kann passieren, wenn Sie die Dateien einer Anwendung über den Explorer gelöscht haben oder die Deinstallationsroutine mit einem Fehler abgebrochen wurde. Einen solchen fehlerhaften Software-Eintrag können Sie aber durch einen kleinen Eingriff in der Registry schnell entfernen:

1. Navigieren Sie zum Schlüssel HKEY_LOCAL_MACHINE\ SOFTWARE\Microsoft\Windows\CurrentVersion\Uninstall.

2. Jeder Unterschlüssel steht hier für ein Programm, das in der Systemsteuerung unter **Programme** angezeigt wird.

3. Suchen Sie nach dem Namen der Anwendung und klicken Sie darauf.

4. Meist trägt der jeweilige ❷ Unterschlüssel den gleichen Namen wie der Eintrag in der Softwareliste.

5. Um ganz sicher zu gehen, doppelklicken Sie im rechten Fenster auf den Eintrag **DisplayName**. Dieser enthält exakt die Bezeichnung der Anwendung, die in der Programmliste angezeigt wird.

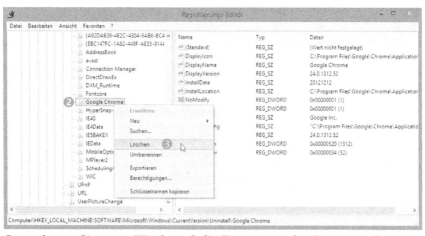

So entfernen Sie unter Windows 8 die Einträge in der Programmliste manuell.

6. Nachdem Sie en korrekten Registrierungsschlüssel für das Programm identifiziert haben, klicken Sie ihn mit der rechten Maustaste an. Anschließend klicken Sie im Kontextmenü auf den ❸ Eintrag **Löschen**.

7. Vergewissern Sie sich, dass die Anwendung unter Programme in der Systemsteuerung nicht mehr angezeigt wird.

Sperren Sie den Schreibzugriff auf USB-Geräte

Sie möchten aus Sicherheitsgründen den Schreibzugriff auf USB-Geräte (MP3-Player, USB-Sticks usw.) sperren? Das geht ganz einfach. Gehen Sie dazu folgendermaßen vor:

1. Starten Sie den Registrierungseditor und wechseln Sie zum ❶ Schlüssel HKEY_LOCAL_MACHINE\SYSTEM\CurrentControlSet\ Control\StorageDevicePolicies.

2. Ist der Unterschlüssel **StorageDevicePolicies** noch nicht vorhanden, legen Sie ihn neu an (**Bearbeiten – Neu – Schlüssel**).

3. Markieren Sie den neu erstellten Schlüssel und klicken Sie mit der rechten Maustaste in das rechte Fensterteil.

4. Wählen Sie aus dem Kontextmenü den Eintrag **DWORD-Wert (32-Bit)** und weisen Sie ihm dem Namen **WriteProtect** zu.

*Legen Sie einen neuen DWORD-Wert mit der Bezeichnung **WriteProtect** an.*

5. Doppelklicken Sie auf den neuen Eintrag und weisen Sie ihm den
   ❷ Wert **1** zu.

6. Bestätigen Sie mit einem Klick auf die Schaltfläche **OK**. Damit ist der
   Eintrag aktiviert.

7. Starten Sie Ihr System neu. Jetzt kann zwar immer noch lesend
   auf USB-Wechseldatenträger zugegriffen werden, doch der
   Versuch, in Dateien oder Ordner zu schreiben, scheitert mit einer ❸
   Fehlermeldung.

8. Wenn Sie den Schreibzugriff wieder freigeben möchten, löschen Sie
   den Eintrag oder setzen Sie den Wert des Eintrags auf **0**.

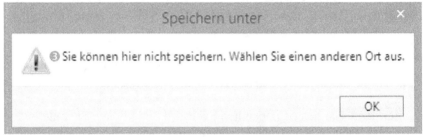

So unterbinden Sie den Schreibzugriff auf USB-Geräte.

Entfernen Sie den Sperrbildschirm

Der Sperrbildschirm von Windows 8 soll unbeabsichtigte Anmelde-
versuche auf Geräten mit Fingereingabe verhindern. Weiterhin zeigt er
allgemeine Informationen wie Datum, Uhrzeit und den Netzwerkstatus
an. Vor dem Anmelden müssen Sie jedoch immer auf den Sperrbildschirm klicken. Wenn Sie das stört, können Sie diesen entfernen:

1. Wechseln Sie zum Schlüssel HKEY_LOCAL_MACHINE\
   SOFTWARE\Policies\Microsoft\ Windows.

2. Klicken Sie mit der rechten Maustaste auf den Unterschlüssel
   Windows und wählen Sie aus dem Kontextmenü den Eintrag **Neu
   – Schlüssel**.

3. Vergeben Sie für den Schlüssel die Bezeichnung **Personalization** und
   drücken <**Return**>.

4. Klicken Sie im rechten Fensterteil mit der rechten Maustaste auf einen freien Bereich und wählen Sie aus dem Kontextmenü den Eintrag **Neu – DWORD-Wert (32 Bit)**.

5. Vergeben Sie für den Eintrag die ❶ Bezeichnung **NoLockScreen**.

6. Doppelklicken Sie auf den Eintrag und ändern Sie seinen ❷ Wert von **0** auf **1**.

7. Bestätigen Sie mit **OK** und starten Sie das System neu. Ab dem nächsten Systemstart ist der Sperrbildschirm verschwunden. Wenn Sie diesen wieder einblenden möchten, setzen Sie den Eintrag **NoLockScreen** auf **0** oder löschen ihn.

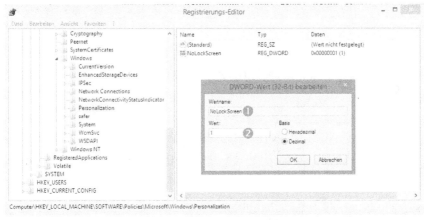

Deaktivieren Sie den Sperrbildschirm über die Registry.

Ändern Sie die Installations-Angaben von Eigentümer und Firma

Bei der Installation von Windows müssen Sie den Namen sowie die Firma angeben, für die Windows registriert werden soll. Wenn Sie diese Angaben nachträglich ändern möchten, können Sie dies ganz schnell über die Registry tun:

1. Wechseln Sie zum ❶ Schlüssel HKEY_LOCAL_MACHINE\ SOFTWARE\Microsoft\Windows NT\CurrentVersion.

2. Die ❷ Einträge **RegisteredOrganization** (Firma) sowie **RegisteredOwner** (Eigentümer) beinhalten die zu ändernden Angaben. Ändern Sie diese entsprechend ab.

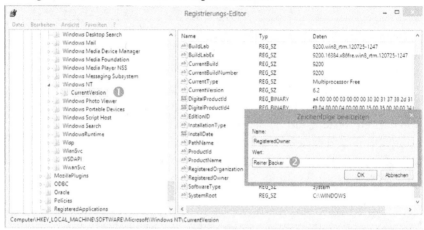

Passen Sie den eingetragenen Eigentümer und die Firma an.

Ihr individueller Pfad für die Programm-Installation

Installieren Sie häufiger Anwendungen, jedoch nie in den vorgegebenen Programm-Ordnern von Windows? Dann lassen Sie sich doch bei der Installation Ihren individuellen Programm-Ordner anzeigen:

1. Navigieren Sie zum ❶ Schlüssel HKEY_LOCAL_MACHINE\ SOFTWARE\Microsoft\Windows\CurrentVersion.

2. Erstellen Sie (sofern nicht schon vorhanden) die Zeichenfolge **ProgrammFilesDir**. Geben Sie im ❷ Feld **Wert** den gewünschten Installations-Pfad an.

3. Nach einem Neustart Ihres Systems wird dann bei jeder Software-Installation der von Ihnen gewählte Programm-Ordner vorgeschlagen.

4. Wenn Sie die Standardeinstellungen wiederherstellen möchten, löschen Sie einfach den entsprechenden Unterschlüssel oder setzen den Standardwert des Unterschlüssels auf die Standardeinstellung zurück.

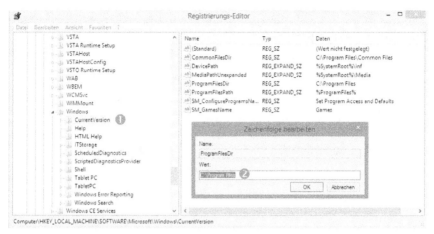

Passen Sie den Ordner für die Installation an.

Entfernen Sie die Sucheinträge aus der integrierten Suche

Wenn Sie in der integrierten Suche von Windows auf das Eingabefeld mit der linken Maustaste klicken, werden Ihnen alle Suchbegriffe angezeigt, welche Sie vorher eingetragen haben. Sie können einzelne Einträge in der Suche löschen, indem Sie mit der Maus auf den Eintrag klicken und die **<Entf>**-Taste drücken.

Weiterhin können Sie die Einträge über die Windows-Registry entfernen:

1. Navigieren Sie zum ❶ Schlüssel: HKEY_CURRENT_USER\ Software\Microsoft\Windows\CurrentVersion\Explorer\ WordWheelQuery.

2. Klicken Sie den Schlüssel **WordWheelQuery** mit der rechten Maustaste an und wählen Sie aus dem Kontextmenü den ❷ Eintrag **Löschen** aus.

3. Bestätigen Sie das Löschen des oben genannten Schlüssels mit einem Klick auf **Ja**.

Alle Suchbegriffe erscheinen jetzt nicht mehr.

Wie Sie Drag- & Drop-Einstellungen ganz individuell anpassen

Wenn Sie mit der Maus arbeiten, kann es passieren, dass Ihnen die Maus beim Doppelklick wegrutscht. Windows hält diesen Doppelklick dann für eine Drag & Drop-Operation und versucht, etwas zu verschieben, zu kopieren oder zu löschen. Über die Registry können Sie die Toleranz für Drag & Drop einstellen:

1. Wechseln Sie zum ❶ Schlüssel HKEY_CURRENT_USER\Control Panel\Desktop.

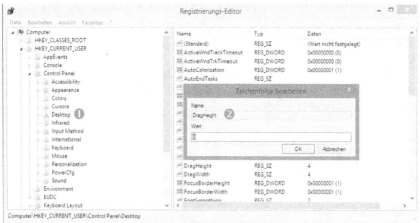

Passen Sie die Empfindlichkeit der Maus an.

2. Windows erkennt Drag & Drop daran, wie weit der Mauszeiger auf dem Desktop bewegt wurde. Sie müssen daher die entsprechenden Werte im ❷ Eintrag **DragHeight** und **DragWidth** etwas erhöhen. Dann können Sie die Maus ruhig ein wenig bewegen, ohne dass Windows dies gleich für eine Drag & Drop-Operation hält.

Mit diesen beiden Werten können Sie die Toleranz von Drag & Drop in der Registry anpassen:

- **DragHeight**: Legt die Strecke der Maus (in Pixeln) fest, die der Zeiger in horizontaler Richtung zurücklegen muss, damit Windows die Aktion nicht für einen Klick hält.

- **DragWidth**: Legt die Strecke der Maus fest, die der Zeiger in vertikaler Richtung zurücklegen muss, damit Windows die Aktion nicht für einen Klick hält.

Binden Sie eigene Tools in das Kontextmenü ein

Wenn Sie beispielsweise Ihre Festplatte bereinigen, defragmentieren oder auf Fehler überprüfen, verwenden Sie meist die bordeigenen Windows-Tools.

Diese Tools können Sie bequem starten, wenn Sie das betreffende Laufwerk mit der rechten Maustaste anklicken, den Eintrag **Eigenschaften** auswählen und auf das Register **Extras** klicken.

Manchmal reichen diese Tools aber nicht aus und Sie greifen vielleicht zu leistungsfähigeren Werkzeugen anderer Hersteller. In diesem Fall wollen Sie den Zugriff auf diese System-Tools sicherlich ebenfalls über die Laufwerkseigenschaften vornehmen. Über einen kleinen Eingriff in die Registry richten Sie das ganz einfach ein:

1. Wechseln Sie zum ❶ Schlüssel HKEY_LOCAL_MACHINE\ SOFTWARE\Microsoft\Windows\CurrentVersion\Explorer\ MyComputer.

2. Dort finden Sie insgesamt ❷ vier Unterschlüssel, über die Sie die Standard-Tools von Windows durch Ihre eigenen Programme ersetzen können.

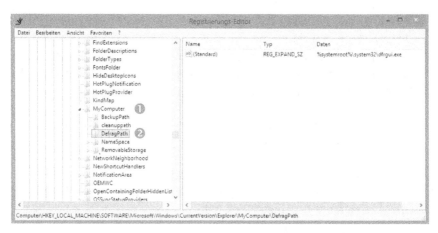

Mit einem kleinen Eingriff in die Registry bringen Sie Windows dazu, Ihre eigenen Festplatten-Tools zu verwenden.

Lesen Sie die BIOS-Version aus der Registry aus

Bei Problemen mit dem PC wird oft nach der BIOS-Version und der Revisionsnummer verlangt. Diese benötigen Sie, wenn Sie beispielsweise Unterstützung bei einer Hotline anfordern. Sie könnten dazu natürlich den PC neu booten und das BIOS-Setup aktivieren, doch es gibt einen schnelleren Weg.

1. Wechseln Sie zum ❶ Schlüssel HKEY_LOCAL_MACHINE\ HARDWARE\DESCRIPTION\System.

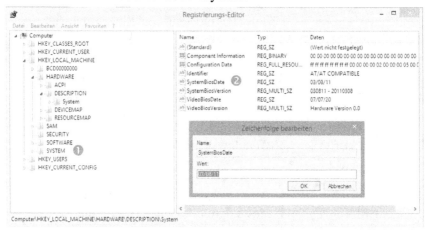

Detaillierte Angaben über das BIOS finden Sie auch in der Registry.

2. Im rechten Fensterteil finden Sie die ❷ BIOS-Informationen.

Schlüssel	Wert
SystemBiosDate	BIOS-Datum
SystemBiosVersion	BIOS-Version
VideoBiosDate	Grafikkarten-BIOS-Datum
VideoBiosVersion	Grafikkarten- BIOS-Version

So stellen Sie das Blinken des Cursors individuell ein

In Texteingabefeldern oder in jeder Textverarbeitung wird die aktuelle Cursorposition durch einen blinkenden Cursor angezeigt. Die Blink-Rate können Sie über eine Einstellung in der Registry nach Ihren Wünschen anpassen.

1. Wechseln Sie zum ❶ Schlüssel HKEY_CURRENT_USER\Control Panel\Desktop.

2. Doppelklicken Sie auf den Eintrag **CursorBlinkRate** und weisen diesem einen ❷ Wert zwischen 1 und 60000 zu. Je höher der Wert, desto weniger blinkt der Cursor.

3. Starten Sie Ihr System neu, um die Einstellung zu aktivieren.

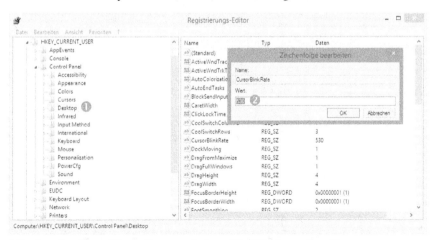

Mit den Registry-Einstellungen haben Sie Windows 8 voll unter Kontrolle.

Nutzen Sie die Tastenkombination für den schnellen Programmwechsel

Zwischen laufenden Programmen können Sie mit der Tastenkombination <**Alt**>+<**Tab**> umschalten. Wenn allerdings zu viele Programme geöffnet sind, können nicht mehr alle in diesem Umschalt-Menü angezeigt werden. Durch einen Eingriff in die Registry können Sie aber die Größe des Menüs individuell anpassen:

1. Wechseln Sie zum Schlüssel ❶ HKEY_CURRENT_USER\Control Panel\Desktop.

2. Passen Sie die nachfolgend aufgeführten Einträge Ihren Wünschen an:

Eintrag	Beschreibung
❷ CoolSwitch- Columns	Gibt an, wie viele Spalten verfügbar sein sollen (Standard: 7).
❸ CoolSwitch- Rows	Gibt an, wie viele Zeilen verfügbar sein sollen (Standard: 3).

Passen Sie das Umschalt-Menü individuell an.

3. Schließend Sie den Registrierungseditor und starten Sie Ihr System neu, um die Einstellungen zu aktivieren.

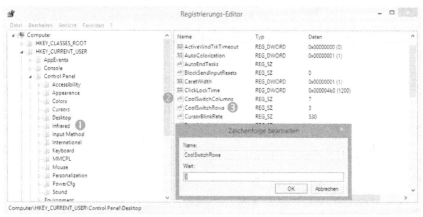

Erweitern Sie das Minifenster und lassen Sie sich mehr Symbole der laufenden Programme anzeigen.

Lassen Sie den Laufwerksbuchstaben als Erstes anzeigen

Im Windows-Explorer steht der ❶ Laufwerksbuchstabe standardmäßig in Klammern hinter dem Namen des Datenträgers.

Voreingestellt wird zuerst die Datenträger-Bezeichnung angezeigt.

Wenn Sie sich lieber an den Buchstaben orientieren, können Sie die Position des Laufwerksbuchstabens durch eine Einstellung in der Registry ganz einfach ändern:

1. Wechseln Sie zum Schlüssel HKEY_LOCAL_MACHINE\ SOFTWARE\ Microsoft\Windows\ CurrentVersion\Explorer.

2. Klicken Sie mit der rechten Maustaste auf eine freie Stelle im rechten Fensterteil und wählen Sie **Neu – DWORD-Wert (32-Bit)**.

3. Weisen Sie dem Eintrag die ❷ Bezeichnung **ShowDriveLettersFirst** zu. Doppelklicken Sie dann auf den Eintrag und vergeben Sie den ❸ Wert **4**.

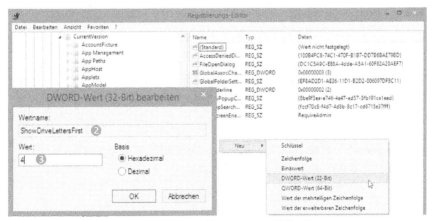

So drehen Sie an den Systemeinstellungen von Windows.

5. Nach einem Neustart werden Ihnen im Windows-Explorer zuerst die ❹ Laufwerksbuchstaben und dann die zugeordneten Datenträgerbezeichnungen angezeigt.

Lassen Sie sich zuerst den Laufwerksbuchstaben anzeigen.

Tipp! Um die Laufwerksbezeichnung wieder als Erstes anzuzeigen, weisen Sie dem Eintrag **ShowDriveLettersFirst** den Wert **0** zu oder löschen diesen.

Bearbeiten Sie die Umgebungsvariablen in der Registry

Alle Umgebungsvariablen werden in der Registry gespeichert. Statt über den Dialog der Systemsteuerung zu gehen, können Sie die Variablen auch direkt in der Registry bearbeiten.

1. Die benutzerdefinierten Umgebungsvariablen finden Sie im Schlüssel HKEY_CURRENT_USER\Environment.

2. Die Umgebungsvariablen des Systems finden Sie im ❶ Schlüssel HKEY_LOCAL_MACHINE\SYSTEM\CurrentControlSet\Control\ Session Manager\Environment.

3. Um dort neue Variablen anzulegen, klicken Sie mit der rechten Maustaste in das rechte Teilfenster und wählen ❷ **Neu – Zeichenfolge**.

4. Vergeben Sie eine Bezeichnung für die Variable, doppelklicken Sie darauf und weisen Sie ihr einen Wert zu.

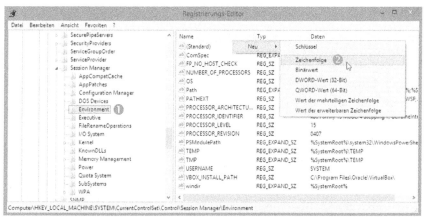

In der Registry werden die System- und die benutzerdefinierten Variablen von Windows gespeichert.

Passen Sie den Abstand der Desktop-Symbole an

Unter Windows 8 wurden die Einstellungsmöglichkeiten für den Abstand der Desktop-Icons entfernt. Über die Registry können Sie den Abstand natürlich weiterhin individuell konfigurieren:

1. Wechslen Sie zum ❶ Schlüssel HKEY_CURRENT_USER\Control Panel\Desktop\WindowMetrics.

2. Über die beiden ❷ Einträge **IconSpacing** (waagerechter Abstand) und **IconVerticalSpacing** (senkrechter Abstand) können Sie die Abstände einstellen.

3. Starten Sie anschließend das System neu, um die Änderungen zu aktivieren.

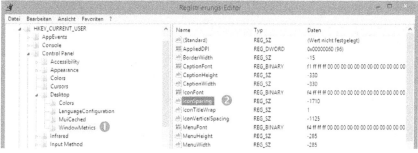

So passen Sie den Abstand der Desktop-Symbole an.

Holen Sie sich ein professionelles Registry-Tool für Ihr System

Der **Registry System Wizard** (www.winfaq.de/download_rsw.htm) erlaubt Ihnen das Bearbeiten der Registry und das Ändern der Windows-Systemeinstellungen einfach per Mausklick.

Dieses außergewöhnliche Tool bietet Ihnen die Möglichkeit, mehr als 500 versteckte Systemeinstellungen von Windows an Ihre Bedürfnisse anzupassen, ohne die Registry direkt bearbeiten zu müssen. Die Einstellungen nehmen Sie einfach durch das ❶ Aktivieren eines Kontrollkästchens über diese Schaltfläche vor. Zu jeder möglichen Einstellung werden Ihnen direkt die entsprechenden ❷ Erläuterungen und Hilfen im Programmfenster angezeigt. Hier erfahren Sie, ob die ausgewählte Systemfunktion für Ihre Windows-Version durchgeführt werden kann.

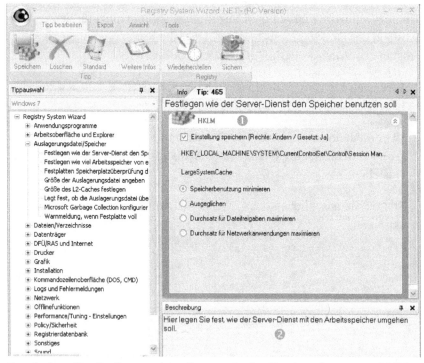

Bearbeiten Sie die Systemeinstellungen in der Registry bequem mithilfe dieses Tools.

Profi-Tools zur Fehleranalyse und Datenrettung

Die Suche nach Konfigurations- oder Hardware-Fehlern ist oft eine komplexe und zeitraubende Angelegenheit, die Sie ohne Analyse-Tools kaum bewerkstelligen können. Falls Ihr PC noch startet, können Sie die Tools auf den nachfolgenden Seiten zur wirksamen Fehler-Analyse und Datenrettung einsetzen. Und das Beste: Gute Analyse-, Reparatur- und Datenrettungs-Tools müssen nicht teuer sein. Alle nachfolgend vorgestellten Werkzeuge sind Freeware und kosten Sie daher nichts. Dabei stehen diese Programme den meisten teuren Vollversionen in nichts nach.

So holen Sie gelöschte Dateien aus dem Papierkorb

Ein Klick mit der Taste <Entf> und die markierte Datei im Windows-Explorer oder im Datei-Menü eines Programms wird gelöscht und in den Papierkorb von Windows verschoben. Aus dem Papierkorb können Sie die verschobenen Dateien problemlos wiederherstellen oder sie auch endgültig löschen:

1. Um eine Datei aus dem Papierkorb wiederherzustellen, klicken Sie das Symbol **Papierkorb** auf dem Desktop zweimal kurz hintereinander mit der Maus an.

2. Markieren Sie die gewünschte ❶ Datei oder Dateigruppe.

3. Klicken Sie das betreffende Objekt mit der rechten Maustaste an und wählen Sie aus dem Kontextmenü den ❷ Eintrag **Wiederherstellen**.

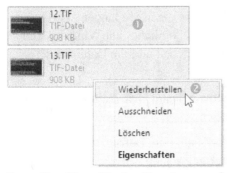

So stellen Sie gelöschte Dateien aus dem Papierkorb wieder her.

Tipp! Sollte bei der Arbeit mit Dateien, beispielsweise mit dem Windows-Explorer mal etwas „schief gehen" – kein Grund zur Besorgnis. Fast alle Windows-Tools und -Programme sind mit einer UNDO-Funktion ausgestattet, mit der sich sämtliche durchgeführten Operationen in mehreren Stufen rückgängig machen lassen.

Mehrere Stufen bedeutet: Wenn Sie beispielsweise zuerst eine Datei gelöscht und dann eine weitere Datei in einen anderen Ordner verschoben haben, müssten Sie die Schaltfläche **Rückgängig** zweimal betätigen, um die Lösch- und die Verschiebeoperation rückgängig zu machen. Durch das Drücken von <**Strg**>+<**Z**> wird die UNDO-Funktion in fast allen Windows-Tools und -Programmen ausgelöst.

Gelöschte Dateien sind noch auf der Festplatte vorhanden

Ist eine gelöschte Datei auch aus dem Papierkorb entfernt worden, kann sie mit den Bordmitteln von Windows nicht wiederhergestellt werden. Sie müssen diese Datei dennoch nicht verloren geben. Es gibt Hilfsprogramme, die gelöschte Dateien rekonstruieren können.

Diese Programme machen sich zunutze, wie Windows Dateien löscht. Beim Löschen bleiben die Daten, die in dieser Datei gespeichert sind, zunächst erhalten. Windows markiert lediglich den Speicherplatz, den die gelöschte Datei belegt, als frei. Solange dieser Speicherplatz nicht durch neue Daten überschrieben wurde, lässt sich die gelöschte Datei wiederherstellen.

Wie sicher sich endgültig gelöschte Dateien wiederherstellen lassen, hängt von verschiedenen Faktoren ab:

- Wie viel Zeit ist seit dem Löschen vergangen? Je länger das Löschdatum zurückliegt, desto wahrscheinlicher hat Windows den Speicherplatz bereits anderweitig vergeben und die Daten sind unwiederbringlich verloren.

- Wie groß ist die wiederherzustellende Datei? Die Rettungsaussichten sind bei kleinen Dateien wesentlich besser als bei großen Dateien.

- Haben Sie nach dem Löschen der Datei eine Defragmentierung gestartet? Dann sind Sektoren der gelöschten Datei womöglich verschoben worden und nicht mehr zu retten.

Retten Sie gelöschte Daten mit Recuva

Haben Sie wichtige Dateien aus Versehen gelöscht und den Papierkorb bereits geleert, kann sie in dieser Situation das Datenrettungs-Tool **Recuva** (www.piriform.com/recuva) retten.

Die Wiederherstellung funktioniert mit Medien aller Art, ob MP3-Player, USB Stick, Memory Card oder Festplatte. Dazu durchsucht das Tool nach dem Starten des Programms voreingestellt das Laufwerk C:.

Um gelöschte Dateien wiederherzustellen, gehen Sie wie folgt vor:

1. Folgen Sie nach dem Start dem Assistenten mit einem Klick auf **Weiter**.

2. Wählen Sie die ❶ gelöschten Dateien aus, welche Sie wiederherstellen möchten.

3. Betätigen Sie die ❷ Schaltfläche **Wiederherstellen**, um die Dateien anschließend im ❸ ausgewählten Ordner zu speichern.

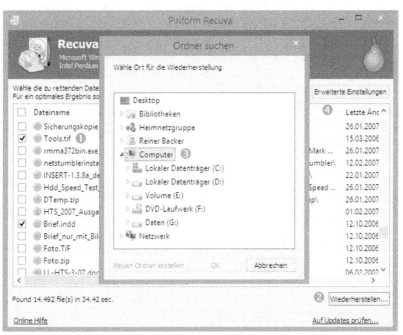

Stellen Sie gelöschte Dateien mit wenigen Mausklicks wieder her.

Tipp! Um das Laufwerk selbst auszuwählen, auf dem sich die gelöschten Dateien befinden, klicken Sie auf die ❹ Schaltfläche **Erweiterte Einstellungen**. Klicken Sie oben in der Leiste auf das entsprechende Laufwerk und auf **Scan**.

Hinweis: Installieren Sie nach einem Datenverlust kein Programm auf dem Datenträger, wo sich die gelöschten Dateien befinden. Das Datenrettungs-Tool sollten Sie am besten schon vor der Wiederherstellung Ihrer Daten installieren. Dadurch reduzieren Sie die Gefahr, dass Daten durch die Installation des Programms selbst überschrieben werden. Das kann nämlich passieren, wenn Sie im Pannenfall keine zweite Festplatte bzw. kein weiteres logisches Laufwerk zur Verfügung haben.

Setzen Sie im Notfall einen zweiten Datenretter ein

Falls **Recuva** die gelöschte Datei nicht anzeigt, sollten Sie das Tool **Directory Snoop** (www.briggsoft.com/dsnoop.htm) einsetzen. Das Rettungs-Programm stellt wie **Recuva** Daten wieder her, die von der Festplatte gelöscht wurden – sei es irrtümlich oder infolge eines Virenbefalls, einer Deinstallations-Routine oder fehlerhafter Software.

Das Tool kann NTFS- und FAT-Dateisysteme bearbeiten. In NTFS sind die meisten Windows-Laufwerke formatiert. Das FAT-Dateisystem ist auf USB-Sticks bzw. Einsteckkarten für Digitalkameras üblich. Im nachfolgenden Beispiel soll eine Datei gerettet werden, die versehentlich auf einem Windows-Laufwerk (NTFS) gelöscht wurde. Um die Daten mit diesem Programm zu rekonstruieren, gehen Sie wie folgt vor:

1. Doppelklicken Sie auf das Desktop-Symbol **DS-NTFS** oder aktivieren Sie das Programm über die Startseite durch einen Klick auf **NTFS Modules**.

2. Klicken Sie auf **OK**, damit können Sie das Programm 25-mal kostenlos benutzen.

3. Wählen Sie das ❶ Laufwerk aus, auf dem sich Ihre gelöschten Dateien befinden. Installieren Sie dafür ggf. im nächsten Fenster den angebotenen Treiber.

4. Doppelklicken Sie auf den Ordner, der die gelöschten Dateien enthält. Alle gelöschten Dateien werden in roter Farbe angezeigt.

5. Um die Dateien wiederherzustellen, ❷ markieren Sie diese und klicken auf die ❸ Schaltfläche **Undelete**.

6. Wählen Sie den Ordner aus, in dem die ausgewählten Dateien gespeichert werden sollen, und klicken Sie auf **Speichern**.

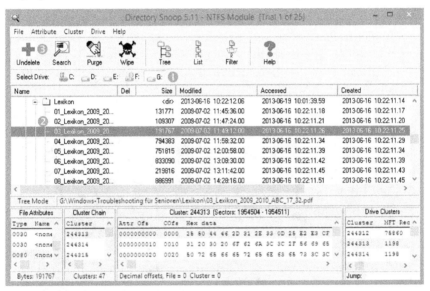

Setzen Sie im Notfall einen zweiten Datenretter ein.

Wie Sie mit TestDisk eine Partition wiederherstellen

Wenn ein logisches Laufwerk nach einem Systemcrash oder durch einen Virus plötzlich nicht mehr angezeigt wird, stellen Sie es mit **TestDisk** (www.cgsecurity.org) wie folgt wieder her:

1. Klicken Sie auf **Create** und drücken Sie <**Return**>.

2. Wählen Sie die Festplatte aus und drücken Sie <**Return**>.

Hinweis: Da das Tool OpenSource ist und daher nicht nur für Windows entwickelt wird, werden die Festplattenbezeichnungen entsprechend der Linux-Darstellung angezeigt. Die erste Festplatte wird mit **sda** bezeichnet, die zweite mit **sdb** usw.

3. Wählen Sie im zweiten Schritt die Rechnerarchitektur aus. Wenn Sie einen Windows-Rechner einsetzen, behalten Sie die voreingestellte Option **Intel** bei und drücken <**Return**>.

4. Drücken Sie erneut <**Return**>, um die Option **Analyse** auszuwählen.

5. Anschließend drücken Sie wieder <**Return**>, um das nächste Bildschirm-Menü anzuzeigen.

6. Drücken Sie die Taste <**Y**>. Anschließend werden Ihnen alle ❶ gefundenen Partitionen und logischen Laufwerke auf der betreffenden Festplatte angezeigt, auch die gelöschten. Das reicht bei Fehlern im MBR und der Partitionstabelle oft schon aus, um die Partition bzw. das logische Laufwerk wiederherzustellen.

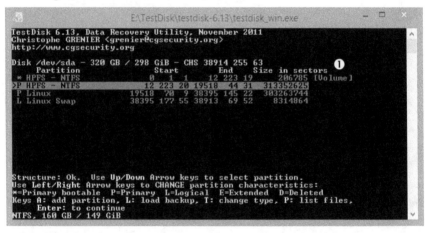

Wird die gelöschte Partition bzw. das logische Laufwerk hier angezeigt, wird es automatisch wiederhergestellt.

7. Wechseln Sie mit einem Druck auf <**Q**> für **Quit** in die Übersicht. Wählen Sie durch das Drücken der Pfeiltaste nach rechts die Option **Write** aus und drücken Sie <**Return**>.

8. Bestätigen Sie mit <**Y**> den Sicherheitshinweis, dass die Partitionstabelle neu geschrieben wird.

9. Anschließend wählen Sie zweimal hintereinander die Option **Quit** aus und starten Ihr System neu. Die gelöschte Partition ist anschließend wiederhergestellt.

Schützen Sie sich gegen den Daten-GAU bei unlesbaren CDs/DVDs

Auch an digitalen Datenträgern wie DVDs und CDs nagt irgendwann der Zahn der Zeit, was dazu führt, dass diese nur noch teilweise oder gar nicht mehr gelesen werden können. Aber nicht nur materialbedingte Alterung, sondern auch falsche Lagerung und unsachgemäßer bzw. starker Gebrauch können dazu beitragen, dass Sie plötzlich nicht mehr auf Ihre auf CD/DVD gespeicherten Daten zugreifen können.

Wenn Sie schon vor dem Auftreten derartiger Schäden auf Nummer sicher gehen möchten, sollten Sie mit dem **dvdisaster** (http:// dvdisaster.net/en/index.html) eine Fehlerkorrekturdatei anlegen. Mit dieser können Sie Ihre wertvollen Daten im Schadensfall ruckzuck rekonstruieren und auf einem neuen Datenträger sichern.

Die Fehlerkorrekturdatei können Sie getrennt vom jeweiligen Datenträger aufbewahren oder mit auf den entsprechenden Rohling brennen. Anhand dieser Zusatzinformationen kann **dvdisaster** in den meisten Fällen die Daten von defekten CDs/DVDs wiederherstellen. Ausgenommen sind Video-CDs/DVDs, diese können mit dem Tool nicht gerettet werden.

Um mit **dvdisaster** eine Fehlerkorrekturdatei anzulegen, gehen Sie folgendermaßen vor:

1. Legen Sie nach dem Start des Programms die CD/DVD in das Laufwerk ein, von der Sie eine Fehlerkorrekturdatei erstellen wollen.

2. Wählen Sie ❶ hier das Laufwerk aus, das die CD/DVD enthält.

3. Klicken Sie auf diese ❷ Schaltfläche, um den Ordner für die Fehlerkorrekturdatei auszuwählen. Sie können es aber auch hier bei den Standardeinstellungen belassen.

4. Klicken Sie dann auf die ❸ Schaltfläche **Lesen**, um eine Image-Datei von der CD/DVD anzulegen.

5. Ob das Auslesen der Daten erfolgreich war, wird Ihnen ❹ hier angezeigt. Ist alles im „grünen Bereich", dann konnte die CD/DVD vollständig gelesen werden. Rote Markierungen zeigen Ihnen Schäden an der CD/DVD an.

6. Klicken Sie nun auf ❺ **Erzeugen**, um die Fehlerkorrekturdatei anzulegen.

7. Anschließend werden Sie über den Fortschritt der Aktion informiert.

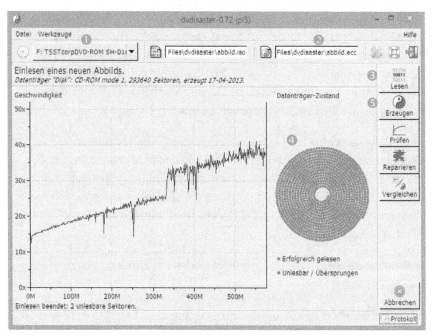

Erstellen Sie eine Fehlerkorrekturdatei – bevor ein Schaden an der CD/DVD auftritt.

Tipp! Die Fehlerkorrekturdatei benötigt ungefähr 15 % des Speicherplatzes der Originaldatei, also bei einer CD um die 100 MByte und bei einer DVD zirka 700 MByte. Diese Größenordnung ist natürlich nicht unerheblich, lohnt sich aber bei wichtigen Daten auf jeden Fall.

Im Fehlerfall erstellen Sie mithilfe der Fehlerkorrekturdatei und der beschädigten CD/DVD dann eine korrekte Image-Datei, die Sie anschließend auf CD/DVD brennen können:

1. Falls die Wiederherstellung notwendig wird, legen Sie die beschädigte CD/DVD ein und wählen ggf. den ⑥ Speicherort und den Namen der Fehlerkorrekturdatei aus.

2. Klicken Sie auf ⑦ **Reparieren**. Das Tool versucht nun, so viele Daten wie möglich zu erkennen.

3. Verfolgen Sie den Fortschritt der Wiederherstellung. Während der Wiederherstellung sind Phasen hoher Festplattenaktivität normal. Wenn die Image-Datei erfolgreich wiederhergestellt wurde, können Sie diese auf einen CD-/DVD-Rohling brennen.

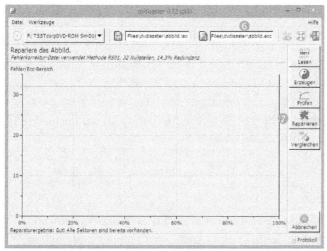

Stellen Sie beschädigte CDs/DVDs mit nur einem Mausklick wieder her.

Tipp! Selbst ohne die vorbeugende Anlage einer Fehlerkorrekturdatei kann **dvdisaster** die Daten einer defekten CD/DVD oftmals zumindest noch teilweise retten. Anhand eines speziellen Algorithmus versucht das Programm in einem derartigen Fall, so viele Daten wie möglich von einem defekten Datenträger zu lesen. Nicht mehr lesbare Sektoren sind allerdings verloren.

Außerdem lohnt es sich bei leicht beschädigten CDs/ DVDs immer, diese in verschiedenen Laufwerken auszutesten, bevor diese endgültig im Papierkorb landen. Denn für das korrekte Einlesen eines Datenträgers sind auch die Fehlerkorrekturqualitäten des jeweiligen Laufwerks wichtig.

Manche Laufwerke kommen mit Kratzern gut zurecht. Andere sind Spezialisten darin, schlecht gebrannte Medien zu entziffern, und wieder andere verstehen sich besonders gut auf beschädigte Audio-CDs. Oft ist es auch wesentlich effizienter, Brennerlaufwerke zu verwenden statt reine Lesegeräte. Brennerlaufwerke haben nämlich eine bessere Fehlerkorrektur und können so manche beschädigte CD/DVD doch noch lesen. Es lohnt sich in der Regel auf jeden Fall, alle zur Verfügung stehenden Laufwerke durchzuprobieren.

Erst wenn Sie alle Möglichkeiten ausgeschöpft haben, um die Daten auf einer beschädigten CD/DVD zu retten, sollten Sie daran gehen, die CD/DVD zu putzen und zu polieren. Denn dabei besteht immer die Gefahr, neue Schäden zu verursachen.

Hinweis: Beachten Sie generell, dass CD-/DVD-Rohlinge erheblich empfindlicher sind als die Originalmedien aus dem Presswerk. Lassen Sie daher Ihre „Selbstgebrannten" niemals längere Zeit offen im Sonnenlicht liegen und legen Sie diese Medien nicht auf der empfindlichen Schreib-/Leseseite ab.

Retten Sie Ihre archivierten Daten von beschädigten CDs/DVDs

Nicht nur Kratzer führen dazu, dass sich DVDs und CDs irgendwann nicht mehr fehlerfrei auslesen lassen. Auch der Zahn der Zeit nagt an diesen Medien. Treten dann irgendwann Lesefehler auf, gilt es, einen kühlen Kopf zu bewahren. Mit ein paar Tricks und dem Rettungs-Tool **IsoBuster** (www.isobuster.com/de/isobusterdownload.php) haben Sie gute Chancen, verlorene Datenschätze zu bergen.

Im Gegensatz zu Windows bricht **IsoBuster** nicht bei jedem gefundenen Kratzer den Lesevorgang einfach ab. Mit diesem Tool können Sie daher die noch lesbaren Dateien auf einer beschädigten CD/DVD finden und auf Ihrer Festplatte speichern.

Seit Längerem ist das Tool leider keine Freeware mehr. Funktionen, die schon vor der Version 1.0 eingebaut waren, sind allerdings auch unregistriert weiter unbegrenzt nutzbar. Wenn Ihnen das reicht, klicken Sie bei der Frage nach der Registrierung einfach auf **Später erinnern**.

Und so retten Sie mit **IsoBuster** Ihre wertvollen Daten von einer beschädigten CD/DVD:

1. Legen Sie die CD/DVD in das entsprechende Laufwerk ein.

2. Warten Sie ab, bis der Inhalt des Mediums eingelesen wurde und anzeigt wird.

3. Wenn Sie die Verzeichnisse und Dateien sehen, die Sie retten wollen, wählen Sie die ❶ Daten aus und aktivieren Sie das Kontextmenü mit einem Klick mit der rechten Maustaste. Klicken Sie dann im Kontextmenü auf den ❷ **Extrahieren**-Eintrag.

4. Geben Sie den Ordner an, in dem Sie die Datei/das Verzeichnis speichern wollen, und klicken Sie auf **OK**. Damit ist die ausgewählte Datei bzw. das Verzeichnis wiederhergestellt.

Stellen Sie mit diesem Tool verloren geglaubte Daten wieder her.

Tipp! Wenn Sie die zu rettenden Dateien nicht sehen können, ist meistens das Inhaltsverzeichnis der CD/DVD defekt. Sie sehen dann beispielsweise nur einzelne Sessions mit einen oder mehreren Tracks, aber keine Dateien. In diesem Fall sollten Sie die Such-Funktion verwenden.

So suchen Sie nach verlorenen Dateien und Ordnern:

1. Klicken Sie mit der rechten Maustaste auf die Session, in der die Daten gespeichert waren. Üblicherweise handelt es sich dabei um die letzte oder gar einzige Session, z. B. auf einem RW-Medium.

2. Wählen Sie aus dem Kontextmenü den ❸ Eintrag **Verlorene Dateien und Ordner suchen**.

3. Anschließend fragt das Tool, ob von einer IBP-Image-Datei erstellt werden soll. Beantworten Sie die Frage mit einem Klick auf ❹ **Ja**.

Tipp! Bei schlechten oder beschädigten Medien, die schwer zu lesen sind, kann die Analyse sehr lange dauern. Durch das Erzeugen einer IBP-Image-Datei lassen sich alle Daten in eine spezielle Datei auf Ihrer Festplatte oder im Netzwerk übertragen. Dieser Vorgang lohnt sich, da danach die Zugriffszeiten bis zu hundertmal schneller sind als die auf die CD/DVD.

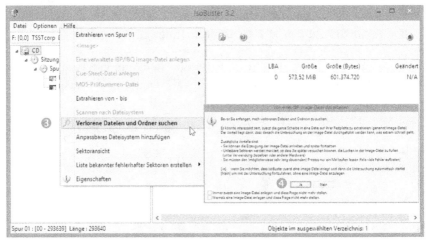

Auch wenn Dateien und Ordner zuerst nicht angezeigt werden, kann dieses Tool sie oft doch noch retten.

4. Wurde der Analyseprozess abgeschlossen, hat das Tool mit etwas Glück verlorene und/oder gelöschte Dateien und Ordner gefunden.

5. Klicken Sie die betreffende Datei oder den betreffenden Order mit der rechten Maustaste an und speichern Sie diese/diesen mit einem Klick auf **Extrahieren** auf Ihre Festplatte.

Tipp! Um mehrere Dateien/Ordner auf einmal zu extrahieren, halten Sie (wie bei Windows üblich) die Taste **<Shift>** gedrückt und klicken Sie dann auf den ersten sowie auf den letzten Datei-/Ordnereintrag. Um mehrere nicht aufeinanderfolgende Dateien zu markieren, halten Sie beim Markieren die Taste **<Strg>** gedrückt.

Lassen Sie sich vor drohenden Festplattenstörungen warnen

Fällt Ihre Festplatte plötzlich aus, gehen meist unwiderruflich Daten verloren. Regelmäßiges Sichern Ihrer Daten ist hier das Mittel der Wahl. Zumindest die nach der letzten Sicherung neu hinzugekommenen Daten sind nach einem Festplatten-Crash häufig für immer verloren. Lediglich Spezialunternehmen können Ihre Daten dann noch retten.

Damit genau dieser Fall nicht eintritt, haben die Hersteller mit S.M.A.R.T. ein Frühwarnsystem entwickelt, das Sie mit **CrystalDiskInfo** (http://crystalmark.info/?lang=en) auslesen können.

1. Das Programm bewertet den Gesundheitszustand Ihrer Festplatte. Im Beispiel ❶ warnt das Tool vor Fehlern.

2. Unterhalb bekommen Sie die ❷ Temperatur der Festplatte angezeigt.

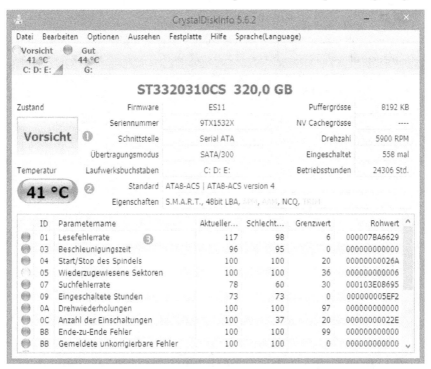

Nähere Informationen über den Gesundheitszustand Ihrer Festplatte bekommen Sie im unteren Bereich angezeigt.

3. Beachten Sie die ❸ S.M.A.R.T.-Attribute im unteren Bereich. Diese geben Auskunft über den Gesundheitszustand der Festplatte.

4. Ob ein S.M.A.R.T.-Parameter konkreten Grund zur Sorge gibt, lässt sich aus den Spalten **Aktueller Wert, Schlechtester Wert** und **Grenzwert** ablesen.

5. Bis auf wenige Ausnahmen gilt hier: Je höher der Wert in der Spalte **Aktueller Wert** ausfällt, desto besser ist es um den jeweiligen Parameter beziehungsweise um die „Fitness" der Festplatte bestellt. Die Spalte **Schlechtester Wert** protokolliert jeweils den schlechtesten zur Laufzeit der Platte ermittelten Messwert.

6. Die Spalte **Grenzwert** nennt Ihnen den unteren Grenzwert.

Hinweis: Liegen Schlechtester Wert- und Grenzwert-Werte dicht beieinander, ist es um den Zustand Ihrer Festplatte nicht gut bestellt.

7. Manche der ❹ S.M.A.R.T.-Attribute warnen Sie schon lange vor einem drohenden Ausfall der Festplatte. Diese finden Sie nachfolgend vorgestellt.

8. Ein ❺ blauer Punkt signalisiert alles OK.

9. Ein ❻ gelber oder roter Punkt warnt Sie vor einem möglichen Festplattenfehler.

❺	ID	Parametername ❹	Aktueller...	Schlecht...	Grenzwert
●	01	Lesefehlerrate	117	98	6
●	03	Beschleunigungszeit	96	95	0
●❻	04	Start/Stop des Spindels	100	100	20
○	05	Wiederzugewiesene Sektoren	100	100	36
●	07	Suchfehlerrate	78	60	30
●	09	Eingeschaltete Stunden	73	73	0
●	0A	Drehwiederholungen	100	100	97
●	0C	Anzahl der Einschaltungen	100	37	20
●	B8	Ende-zu-Ende Fehler	100	100	99
●	BB	Gemeldete unkorrigierbare Fehler	100	100	0

Analysieren Sie die S.M.A.R.T.-Attribute und schützen Sie sich so vor einem drohenden Ausfall der Festplatte.

Hinweis: S.M.A.R.T.-Attribute stehen nur für direkt an das Motherboard, nicht aber per USB, angeschlossene Festplatten zur Verfügung.

Nachfolgend die wichtigsten S.M.A.R.T.-Attribute:

S.M.A.R.T.-Attribut	Gefahr	Beschreibung
Aktuell schwebende Sektoren	Ja	Wenn beim Schreiben der Daten ein Fehler auftritt, wird der betroffene Sektor markiert und überwacht – er ist dann sozusagen „schwebend". Wiederholt sich der Fehler beim nächsten Schreibversuch nicht, wird der Sektor wieder normal verwendet.
Anzahl ausstehender Sektoren	Nein	Anzahl der Sektoren, die auf eine Neuzuweisung warten.
Eingeschaltete Stunden	Nein	Anzahl der Stunden im eingeschalteten Zustand.
Einschaltvorgänge	Nein	Anzahl der Einschaltvorgänge.
Lesefehlerrate	Ja	Gibt Aufschluss über die Häufigkeit von Lesefehlern. Bei Werten nahe dem Grenzwert ist höchste Vorsicht geboten. Ein von Null verschiedener Wert deutet auf ein Problem mit der Plattenoberfläche oder den Schreib-/Leseköpfen hin.
Schreibfehlerrate	Ja	Anzahl der Fehler beim Schreiben. Werte größer Null signalisieren ein Problem mit der Festplattenoberfläche. Der Datenträger sollte mit dem Support-Tool des Herstellers überprüft werden. Meldet das Hersteller-Tool einen Festplattendefekt, sollte die Festplatte ausgetauscht werden.
Start/ Stopp des Spindels	Nein	Anzahl der Start-/Stop-Vorgänge eines Laufwerks. Deutet auf Abnutzung hin, da dieser Vorgang Festplatten am stärksten belastet.

S.M.A.R.T.-Attribut	Gefahr	Beschreibung
Startzeit	Ja	Durchschnitt der Startzeit in Sekunden. Werte nahe dem Grenzwert deuten auf einen drohenden Ausfall des Spindelmotors oder auf einen Lagerschaden hin.
Suchfehlerrate	Ja	Positionierungsfehler der Festplattenköpfe. Hohe Werte sind ein Indikator für Beschädigungen der Stellmechanik, des Servo-Motors oder für eine Überhitzung des Laufwerks.
Temperatur	Ja	Temperatur des Laufwerks in Grad Celsius. Die zulässige Betriebstemperatur liegt meist im Bereich von 30 bis 40 Grad Celsius. Jedes Grad mehr erhöht die Ausfallwahrscheinlichkeit um zwei bis drei Prozent. Hinweis: Wird Ihre Festplatte wärmer als 50 Grad, sollten Sie einen Festplattenkühler installieren und/oder nach Möglichkeit einen anderen Einbauplatz wählen.
Ultra-DMA CRC-Fehlerrate	Nein	Anzahl der aufgetretenen CRC-Fehler. Ursache können defekte Kabel, verschmutzte Kontakte oder fehlerhafte Festplattentreiber sein.
Unkorrigierbare Sektoren	Ja	Die Gesamtzahl von nicht korrigierbaren Fehlern beim Lesen oder Schreiben eines Sektors. Ein Anwachsen dieses Wertes könnte auf einen Defekt der Plattenoberfläche oder auf mechanische Probleme hinweisen.
Wiederzugewiesene Sektoren	Ja	Stellt die Festplatten-Firmware fest, dass Sektoren beschädigt sind, lagert sie die Daten in Reservesektoren aus. Ein Wert nahe dem Grenzwert deutet darauf hin, dass der Festplatte die Reservesektoren ausgehen.

Hinweis: Die Zahl der protokollierten S.M.A.R.T.-Attribute fällt von Hersteller zu Hersteller der Festplatten unterschiedlich aus und schwankt zwischen 15 Attributen bei einigen Western-Digital-Festplattenmodellen bis hin zu 20 und mehr Attributen wie beispielsweise bei Notebook-platten von Fujitsu.

Ermitteln Sie Fehler im Dateisystem

Sollten Sie Fehlermeldungen angezeigt bekommen, die das Dateisystem betreffen, sollten Sie die Dateisystemüberprüfung von Windows aktivieren. Zusätzlich sollten Sie mit dem Festplatten-Dienstprogramm **HD Tune** (www.hdtune.com) Ihre Festplatte untersuchen. SSD-Festplatten werden ebenfalls unterstützt.

Das Tool zeigt Ihnen Infos zu Partitionen, Firmware-Version, Seriennummer, Speicherplatz, Transferrate, Zugriffszeit, CPU-Auslastung, Burst-Rate, S.M.A.R.T.-Informationen, Partitionsinformationen, Firmware-Version, Seriennummer, Kapazität, Buffer-Größe, Transfer-Mode und Festplattentemperatur.

1. Über das ❶ Register **Benchmark** und einen Klick auf **Start** prüft das Tool die Leistungsfähigkeit Ihrer Festplatte. Außerdem zeigt das Programm rechts in der Taskleiste die Temperatur an.

2. Zusätzlichen Aufschluss über die Lesegeschwindigkeit Ihrer Festplatte gibt Ihnen die Anzeige **Transfer Rate**. Aktuelle Festplatten sollten eine maximale ❷ Datenübertragungsrate von 100 MByte/sec leisten.

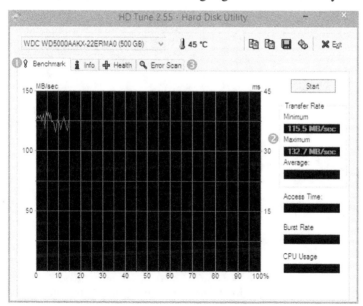

Analysieren Sie die Leistungsfähigkeit Ihrer Festplatte.

3. Klicken Sie auf **Stop**, um als Nächstes einen Fehlertest zu starten.

4. Um nach Fehlern auf Ihrer Festplatte zu suchen, klicken Sie auf das ❸ Register **Error Scan** und anschließend auf die Schaltfläche **Start**. Sollte das Tool einen fehlerhaften Sektor finden, wird dieser rot gekennzeichnet. Ist alles in Ordnung, wird der Sektor grün markiert.

Analysieren und testen Sie Ihr System mit dem PC Wizard

Mit dem **PC Wizard** (www.cpuid.com) können Sie Ihr System analysieren und erhalten ausführliche Informationen über Ihre Hardware, die installierte Software sowie andere Komponenten, von Motherboard über Chipset, BIOS und Peripherie bis zum Netzwerk.

Zusätzlich können Sie mit diesem Tool die Stabilität und Geschwindigkeit Ihrer Hardware-Komponenten ausgiebig prüfen. Um beispielsweise Ihren Arbeitsspeicher zu testen, klicken Sie auf ❶ **Benchmark** und anschließend auf das ❷ Symbol **MEM**.

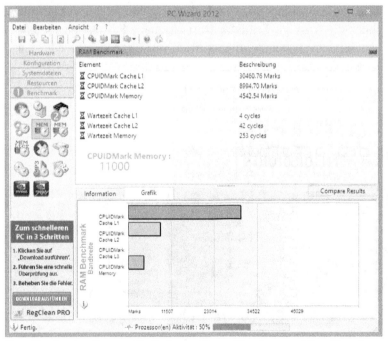

Das Tool zeigt Ihnen alle Infos zu Ihrer Hardware, führt Benchmark-Tests durch und vieles mehr.

Tipp! Das Tool bietet Ihnen unter dem Register **Hardware** außerdem eine gute ❸ Temperaturüberwachung für CPU, Motherboard und Festplatte.

Messen Sie die Temperatur und Spannungen mit diesem ausgezeichneten Analyse-Tool.

Gerade in den warmen Sommermonaten häufen sich Systemabstürze. In solchen Fällen liegt fast immer ein Hitzeproblem vor. Denn wenn draußen die Temperaturen steigen, wird es natürlich auch im Innern Ihres PCs wärmer. Werden CPU, Grafikkarte oder Festplatte zu warm, wird das System instabil und Abstürze sind an der Tagesordnung. In diesem Fall sollten Sie die Temperatur Ihrer CPU, Grafikkarte und Festplatte überwachen.

Alle aktuellen Motherboards und Festplatten sind dafür mit Messfühlern bestückt, die von Analyseprogrammen wie **PC Wizard** ausgelesen werden können:

1. Klicken Sie zum Auslesen der Werte auf das ❹ Symbol **Spannung, Temperatur und Lüfter**.

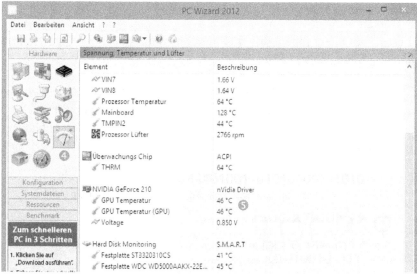

Das Tool zeigt Ihnen u. a. alle Infos zu Ihrer Hardware an.

2. Das Tool bietet Ihnen eine genaue ❺ Temperaturüberwachung für CPU, Motherboard und Festplatte. Bei sporadischen Systemabstürzen sollten Sie damit zuerst die Temperatur Ihrer Hardware kontrollieren.

Ab diesen Temperaturen wird es kritisch im System:

- **CPU-Temperatur**: Wie warm eine CPU werden darf, hängt vom jeweiligen Fabrikat ab. Intel-CPUs bleiben beispielsweise meist etwas kühler als Prozessoren von AMD.

- **Festplatten-Temperatur**: Eine Temperatur von 40 Grad ist normal. Wird Ihre Festplatte allerdings wärmer als 50 Grad, sollten Sie einen Festplattenkühler installieren.

- **GPU-Temperatur**: Bei Temperaturen über 80 Grad ist es dringend erforderlich, die Kühlung zu verbessern.

- **Motherboard-Temperatur**: Eine Temperatur des Chipsatzes von etwa 35 bis 40 Grad ist normal. Wird das Motherboard wärmer als 50 Grad, kann das zur Instabilität Ihres Systems führen.

Decken Sie den Engpass im System auf

Wenn Sie auf der Suche nach einem hervorragenden Systemanalyseprogramm für Ihren PC oder Ihr Netzwerk sind, probieren Sie am besten **SiSoft Sandra Lite** (www.sisoftware.net) aus.

Dieses Tool bietet Ihnen über 60 Funktionen, mit denen Sie Ihr System ganz fix durchchecken können:

1. Im Register **Werkzeuge** finden Sie unter anderem Funktionen, um Ihr System einem **Burn-in-Test** zu unterziehen und einen Bericht zu erzeugen. Mit dem **Burn-in-Test** testen Sie Ihr System unter hoher Belastung.

2. Um beispielsweise die Leistung Ihres Systems zu verbessern, doppelklicken Sie auf das Symbol **Analyse und Hinweise zur Leistungsverbesserung**.

3. Klicken Sie dann viermal auf die Schaltfläche **Weiter** und abschließend auf die Schaltfläche **OK**.

Datenrettung und Virenbeseitigung mit Rettungs-CD

Sicher haben auch Sie schon die leidvolle Erfahrung eines plötzlichen System-Totalausfalls und damit häufig einhergehendem Datenverlust gemacht. Um dann noch retten zu können, was zu retten ist, sollten Sie stets eine bootfähige Notfall-CD zur Hand haben.

Setzen Sie die Dr.Web LiveCD ein

Wenn Ihr PC wegen Malware nicht starten kann, können Sie die Funktionsfähigkeit des infizierten Systems mit der ❶ **Dr.Web LiveCD** (www.freedrweb.com/livecd) schnell wiederherstellen. Die CD hilft Ihnen, Ihr System von infizierten und verdächtigen Dateien zu befreien.

Testen Sie mit dieser CD den RAM, entfernen Sie Viren und nutzen Sie die Zusatzprogramme.

Aktivieren Sie den Virenscanner

Nach der Auswahl der Option **Dr.Web LiveCD (Default)** startet voreingestellt der Virenscanner von Dr.Web.

1. Vorausgesetzt, es besteht eine Internetverbindung, wird die Virensignatur automatisch aktualisiert.

2. Klicken Sie auf das ❷ Register **Scanner**, um den Scan-Modus auszuwählen.

3. Klicken Sie auf ❸ **Full scan** (empfohlen), wenn Sie das gesamte System auf Virenbefall untersuchen möchten.

4. Klicken Sie auf **Custom scan**, wenn Sie einzelne Dateien oder Ordner untersuchen möchten.

5. Starten Sie den Virenscan durch einen Klick auf **Begin the scan**.

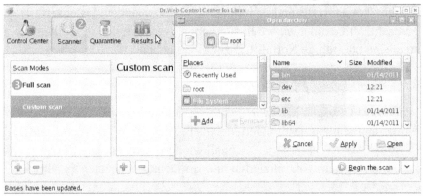

*Wählen Sie am besten **Full scan** und untersuchen Sie so bei Virenverdacht das gesamte System.*

Tipp! Über **Tools – Settings** können Sie einstellen, wie der Scanner infizierte Dateien behandeln soll. Sollte ein Virus erkannt werden, können Sie diesen über einen Klick auf ❹ **Cure** (Reparieren) oder **Delete** (Löschen) entfernen.

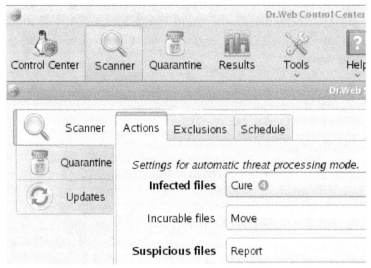

Konfigurieren Sie den Virenscanner.

Retten Sie Ihre Daten mit dem Dateimanager

Im Hauptmenü finden Sie den Dateimanager. Der **Midnight Commander** besitzt zwei unabhängige Fenster, in denen Sie durch das Dateisystem navigieren können. Damit können Sie im Fehlerfall die Daten von der Festplatte des havarierten Windows-Systems retten.

1. Mit der Taste <**Einfg**> können Sie Dateien markieren. Markierte Dateien können Sie mit der Taste <**F8**> löschen. <**F5**> kopiert Dateien in das aktuelle Verzeichnis des jeweils anderen Fensters, welches Sie mit der <**Tabulator**>-Taste aktivieren. Verschieben können Sie die Dateien mit der Taste <**F6**>.

2. Die mit einem vorangestellten ◉ Slash (/) gekennzeichneten Einträge sind Verzeichnisse. In diese wechseln Sie einfach durch Auswahl und Drücken von <**Return**>.

3. Eine Verzeichnisebene höher gelangen Sie durch Auswahl von **/...**

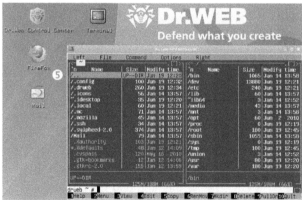

Mit dem Dateimanager haben Sie Ihre Dateien und Ordner im Griff.

Überprüfen Sie den Arbeitsspeicher

Wenn Ihr System trotz ausreichender Kühlung öfter abstürzt, könnte dies einen Fehler im Arbeitsspeicher verursachen. Um den RAM zu prüfen, setzen Sie am besten den integrierten Speichertest ein.

1. Wählen Sie nach dem Start der CD den Menüpunkt ◉ **Testing Memory** und drücken Sie <**Return**>.

2. Starten Sie den RAM-Test und überprüfen Sie den Arbeitsspeicher auf Fehler. Lassen Sie den Test mindestens eine Stunde laufen.

3. Um den Speichertest zu beenden, drücken Sie **<Esc>**.

Analysieren Sie fehlerhaften Arbeitsspeicher mit dem integrierten RAM-Tester.

Tipp! Wenn das System nicht über die CD startet, legen Sie im BIOS-Setup fest, dass der PC vom CD-/DVD-Laufwerk starten soll. Sie erreichen das BIOS-Setup, indem Sie beim Systemstart eine Taste wie **<Entf>**, **<Esc>**, **<F1>** drücken. Im Setup suchen Sie eine Einstellung wie **Boot Priority** oder **Boot Sequence** und weisen dem CD-Laufwerk den Platz **1** zu.

Setzen Sie bei Virenverdacht eine weitere Live-CD ein

Beim Verdacht auf Virenbefall sollten Sie eine zweite Live-CD einsetzen. Denn auch ein aktueller Virenscanner erkennt nur ca. 98 % der im Umlauf befindlichen Schadsoftware. Setzen Sie deshalb zusätzlich die **Kaspersky Rescue Disk** zur Virenerkennung und Beseitigung cin. Denn wenn die eine Rettungs-CD keine Lösung zur Virenbeseitigung bietet – kann die andere vielleicht doch noch in sonst aussichtslosen Situationen helfen.

Die **Kaspersky Rescue Disk** (http://support.kaspersky.com/de) durchsucht nach dem Start das komplette System, einzelne Laufwerke oder Verzeichnisse. Zusätzlich bietet die CD einen Dateimanager, mit dem Sie Daten retten, infizierte Dateien löschen oder Textdateien bearbeiten können. Für die Internetrecherche im Fehlerfall steht eine deutsche Version von Firefox bereit.

Um Ihr System auf Viren zu scannen, folgen Sie der nachfolgenden Schritt-für-Schritt-Anleitung:

1. Starten Sie das System über die CD, drücken Sie eine beliebige Taste und wählen Sie die gewünschte Sprache aus.

2. Akzeptieren Sie die Lizenzbedingungen und wählen Sie für den Start den **Grafikmodus**. Sollte es damit Probleme geben, aktivieren Sie den **Textmodus**.

3. Anschließend werden die Laufwerke in das Dateisystem eingebunden und der Virenscanner gestartet.

4. Um die Virensignatur zu erneuern, klicken Sie auf das Register ❶ **Update** und klicken auf den Link **Update ausführen**.

5. Nach dem Update wechseln Sie zurück auf das ❷ Register **Untersuchung von Objekten**. Wählen Sie ggf. die zu durchsuchenden Laufwerke aus oder belassen Sie es bei der Voreinstellung, um das gesamte System zu prüfen.

6. Aktivieren Sie den Scan mit einem Klick auf ❸ **Computer auf Viren untersuchen**.

7. Lassen Sie sich abschließend durch einen Klick auf **Bericht**, die Suchergebnisse anzeigen.

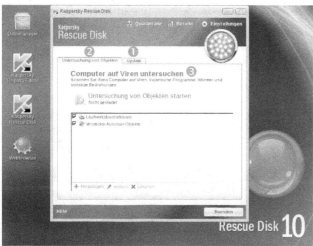

Laden Sie die aktuellen Signaturen und testen Sie Ihr System auf Viren.

Schützen Sie Ihr System vor versteckten Rootkits

Fast alle Trojaner und offen stehenden Hintertürchen lassen sich mit herkömmlichen Antivirenprogrammen zuverlässig entdecken. Leider aber eben nicht alle, denn immer öfter tarnen sich gefährliche Eindringlinge mit einer Tarnkappe: Diese greifen tief in die Funktionen von Windows ein und verschleiern dadurch ihre verbrecherischen Aktivitäten. Mit dem kostenlosen Profi-Tool **RootKitRevealer** können Sie Ihr System überprüfen.

RootKitRevealer stammt übrigens von dem Mann, der die Plattenfirma Sony in arge Erklärungsnöte brachte, als er entdeckte, dass sich der Sony-Kopierschutz wie ein Rootkit im System einnistet. Welches Tool könnte sich also besser eignen, um Ihren PC nach getarnten Schädlingen zu durchsuchen.

Um Ihr System auf Rootkits zu überprüfen, gehen Sie wie folgt vor:

1. Laden Sie sich das Live-System **grml** (http://grml.org/download) herunter und brennen Sie die Image-Datei auf eine CD.

2. Öffnen Sie nach dem Start ein Terminal mit einem Klick auf das ❶ **xterm**-Symbol.

3. Vor einem Test sollten Sie ein Update der Virensignatur durchführen. Geben Sie dazu den ❷ Befehl **sudo rkhunter --update <Return>** ein. Um das **--**Zeichen einzugeben drücken Sie die Taste **<ß>**.

4. Mit dem Befehl **sudo rkhunter -c <Return>** starten Sie einen kompletten Systemscan.

Laden Sie die neueste Virensignatur und testen Sie Ihr System.

Tuning-Tipps zum Optimieren von Windows 8

Mit ein paar kleinen Tricks können Sie Ihr System in vielerlei Hinsicht individuell einrichten. Das spart Ihnen Arbeitszeit und Sie können Windows 8 noch effektiver einsetzen. Holen Sie beispielsweise den Ruhezustand in das Charm-Menü zurück oder installieren Sie das Startmenü. Folgen Sie dazu einfach der folgenden Schritt-für-Schritt-Anleitung.

Holen Sie den Ruhezustand ins Charm-Menü zurück

Wenn Sie Windows 8 herunterfahren möchten, wird im Charm-Menü leider nicht die Option **Ruhezustand** angezeigt. Schade, denn im Ruhezustand werden alle geöffneten Dokumente und Programme auf der Festplatte gespeichert und anschließend das System heruntergefahren. So können Sie beim nächsten Systemstart sofort mit der gewohnten Arbeitsumgebung weiterarbeiten. Fügen Sie deshalb die Option **Ruhezustand** zu den schon vorhandenen Optionen **Herunterfahren** und **Neu starten** hinzu:

1. Drücken Sie <**WIN**>+<**W**> und geben Sie im Suchfeld den ❶ Text **Energie** ein.

2. Klicken Sie auf den ❷ Eintrag **Energieoptionen**.

Aktivieren Sie die Energieoptionen.

3. Klicken Sie auf den ❸ Link **Auswählen was beim Drücken des Netzschalters geschehen soll**.

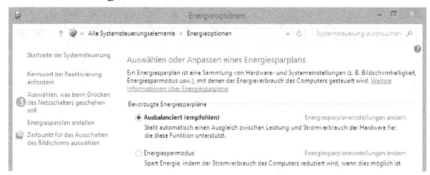

Konfigurieren Sie die Einstellungen für das Herunterfahren.

4. Klicken Sie im oberen Bereich auf **Einige Einstellungen sind momentan nicht verfügbar**.

5. Aktivieren Sie im unteren Bereich die ❹ Option **Ruhezustand – Im Energiemenü anzeigen**.

6. Bestätigen Sie die Auswahl mit einem Klick auf die ❺ Schaltfläche **Änderungen speichern**. Ab sofort können Sie den Ruhezustand im Charm-Menü aktivieren.

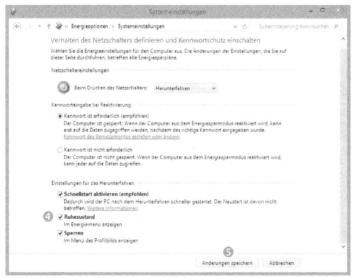

Holen Sie den Ruhezustand in das Charm-Menü zurück.

Aktivieren Sie das Startmenü unter Windows 8

Das klassische Startmenü ist leider aus Windows 8 entfernt worden.
Mit dem Tool ViStart (http://lee-soft.com/vistart) können Sie das aus
Windows 7 bekannte Startmenü aber schnell in Windows 8 integrieren:

1. Laden Sie sich das kostenlose Programm **ViStart** herunter und
   installieren Sie dieses.

2. Wählen Sie den Eintrag **Windows 8 Start Menu Replacement** und
   klicken Sie auf **OK**.

3. Anschließend erscheint der bekannte ❶ Startknopf von Windows 7
   links in der Taskleiste. Der ❷ Startknopf von Windows 8 ist natürlich
   auch noch da.

Holen Sie sich das bekannte Startmenü von Windows 7 zurück.

Wenn Sie das Startmenü wieder entfernen möchten, müssen Sie das
Programm **ViStart** deinstallieren:

1. Drücken Sie **<WIN>+<X>** und wählen Sie **Systemsteuerung** aus.

2. Klicken Sie im Bereich **Programme** auf den Link **Programm
   deinstallieren**.

3. Wählen Sie den ❸ Eintrag **ViStart** aus und klicken Sie auf ❹ **Deinstallieren**.

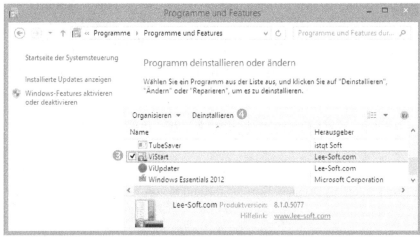

So entfernen Sie bei Bedarf das Programm wieder.

Nutzen Sie Gadgets unter Windows 8

Windows 7 stellte praktische Minianwendungen zur Verfügung, die Sie auf dem Desktop integrieren konnten. Diese Gadgets fehlen leider unter Windows 8. Dafür gibt es die Live-Kacheln auf der Startseite, die ähnliche Funktionen zur Verfügung stellen.

Wenn Sie neben den Apps auch die Gadgets verwenden möchten, sollten Sie das Tool **8Gadgetpack** (http://8gadgetpack.net) installieren. Dann können Sie die nützlich Minianwendungen wieder auf den Desktop pinnen.

1. Klicken Sie dazu nach der Installation des Tools mit der rechten Maustaste auf eine freie Stelle auf dem Desktop und wählen Sie im Kontextmenü den Eintrag **Gadgets**.

2. Ziehen Sie die gewünschte ❶ Funktion auf den Desktop.

3. Weitere dieser nützlichen Minianwendungen erhalten Sie über die ❷ **Pfeil**-Schaltflächen angezeigt.

Setzen Sie die Gadgets inklusive Sidebar auf dem Desktop von Windows 8 ein.

4. Wenn Sie ein Gadget vom Desktop entfernen möchten, zeigen Sie mit der Maus darauf und klicken auf die ❸ **Schließen**-Schaltfläche.

5. Über die darunter liegenden ❹ Schaltflächen können Sie das Gadget vergrößern und konfigurieren.

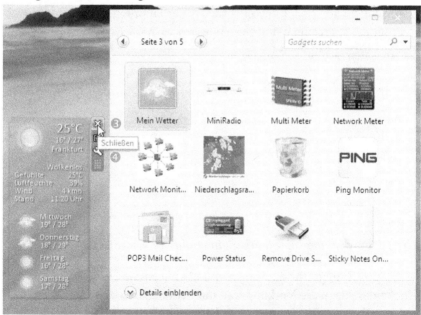

So entfernen Sie ein Gadget vom Desktop.

Pinnen Sie sich die Apps auf den Desktop

Nach einem Druck auf <**WIN**> und die Schaltfläche mit dem Pfeil nach unten auf der Startseite sehen Sie die Apps und installierten Programme. Mit einem Klick darauf können Sie die gewünschte Anwendung dann aktivieren. Wenn Sie mehr den Desktop von Windows 8 nutzen, könnten Sie auch von dort aus die Apps und Programme anzeigen und starten lassen. Legen Sie dazu eine Verknüpfung an:

1. Klicken Sie mit der rechten Maustaste auf eine freie Stelle auf dem Desktop.

2. Wählen Sie aus dem Kontextmenü den Eintrag **Neu – Verknüpfung**.

3. Geben Sie in das Feld folgenden Befehl ein:
   %windir%\explorer.exe shell:::{4234d49b-0245-4df3-b780-3893943456e1}

4. Vergeben Sie ein Namen für die Verknüpfung und klicken Sie auf die Schaltfläche **Fertig stellen**.

5. Anschließend können Sie über die ➊ Verknüpfung die Apps und Programme anzeigen und starten lassen.

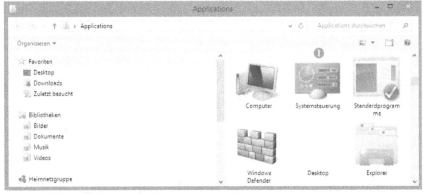

Lassen Sie sich über eine Verknüpfung die Apps anzeigen.

Tipp! Das Symbol für die Verknüpfung können Sie austauschen. Klicken Sie dazu die Verknüpfung mit der rechten Maustaste an und wählen Sie aus dem Kontextmenü **Eigenschaften – Anderes Symbol**.

Wählen Sie ein ❷ Symbol aus der Liste aus und klicken Sie auf **OK**.

Wählen Sie für die Verknüpfung ein passendes Symbol aus.

Aktivieren oder deaktivieren Sie die Windows-Funktionen

Windows 8 wird mit vielen Funktionen installiert, die häufig gar nicht benötigt werden. Andere Funktionen, beispielsweise die Internetinformationsdienste (IIS), müssen vor der Verwendung erst aktiviert werden. Es lohnt sich also, die Standard-Installation daraufhin zu überprüfen, welche Funktionen bei Bedarf deaktiviert werden können. Das spart wertvolle Ressourcen wie Arbeitsspeicher und Prozessorleistung.

Während in früheren Windows-Versionen die Funktionen zum Deaktivieren auf dem System noch vollständig deinstalliert werden mussten, bleiben unter Windows 8 die Funktionen auf der Festplatte gespeichert und können somit bei Bedarf wieder aktiviert werden. Beim Deaktivieren einer Funktion wird diese nicht deinstalliert, sodass sich auch der verwendete Festplattenspeicher nicht verringert.

Um die Windows-Funktionen ein- bzw. auszuschalten, gehen Sie wie folgt vor:

1. Aktivieren Sie die Systemsteuerung und klicken Sie auf **Programme und Features**.

2. Wählen Sie links oben den Link **Windows-Features aktivieren oder deaktivieren**.

3. Aktivieren Sie das ❶ Kontrollkästchen neben der gewünschten Funktion, um die Funktion anzuzeigen. Deaktivieren Sie das Kontrollkästchen, um das betreffende Windows-Feature auszublenden.

4. Bestätigen Sie die Änderungen mit einem Klick auf die Schaltfläche **OK**.

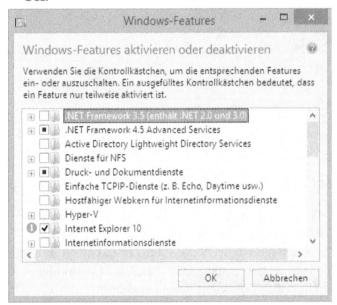

Schalten Sie bei Bedarf die System-Funktionen ein und aus.

5. Sollten Sie deinstallierte Windows-Komponenten zu einem späteren Zeitpunkt wieder benötigen, können Sie diese jederzeit mit wenigen Mausklicks wieder installieren. Dazu setzen Sie einfach wieder ein Häkchen vor die erneut zu installierende Komponente.

Hinweis: Grundsätzlich können Sie sämtliche Windows-Komponenten deinstallieren, ohne dass Windows 8 dabei in seiner Funktionalität eingeschränkt wird. Einige wenige Zusatzprogramme und Funktionen können jedoch für bestimmte Verwendungszwecke durchaus sinnvoll sein.

Zu den weniger benötigten Komponenten, die Sie deaktivieren könnten, gehören:

- Aktualisierung von Stammzertifikaten

- Faxdienste

- Indexdienst

- MSN Explorer

- Netzwerkdienste

- Verwaltungs- und Überwachungsprogramme

- weitere Datei- und Druckdienste für das Netzwerk

- Windows Media Player

- Windows Messenger

- Zubehör und Dienstprogramme

Optimieren Sie ganz fix die Anzeige am Monitor

In Windows 8 findet sich ein verstecktes Tool, mit dem Sie die Ihren Bildschirm schnell und einfach kalibrieren können. Über die Kalibrierung stellen Sie Helligkeit, Kontrast, Farbtemperatur und Gammawert optimal ein.

1. Um die Kalibrierung auszuführen, drücken Sie <WIN>+<R> und geben den Befehl **dccw** ein.

2. Es wird ein Assistent gestartet, der die Kalibrierung in mehreren Stufen vornimmt. Drücken Sie dazu auf die ❶ Schaltfläche **Weiter**.

3. Beachten Sie die jeweiligen ❷ Kalibrierungsbilder und lesen dazu die Anleitung, wie Sie Ihren Monitor optimal einstellen können.

4. Abschließend empfiehlt das Tool die Option **Clear Type** zu aktivieren und an Ihren Bildschirm anzupassen. Mittels **Clear Type** können Sie die Schrift am Bildschirm besser lesen.

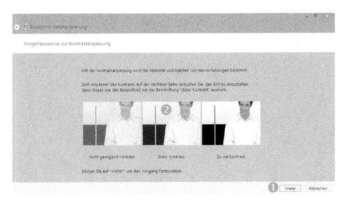

Stellen Sie Ihren Bildschirm optimal ein.

So starten Sie Ihre Anwendungen mit Administratorrechten

Im Hauptmenü finden Sie den Dateimanager. Der Midnight Commander besitzt zwei unabhängige Fenster, in denen Sie durch das Dateisystem navigieren können. Damit können Sie im Fehlerfall die Daten von der Festplatte des havarierten Windows-Systems retten.

Selbst wenn Sie als Administrator angemeldet sind, arbeiten Anwendungen aus Sicherheitsgründen nur mit eingeschränkten Rechten. Bei XP konnten Sie eine Anwendung mit einem anderen Benutzerkonto starten. Aufgrund der stärkeren Sicherheitsvorkehrungen wird dieser Befehl unter Windows 8 wesentlich häufiger als noch unter XP benötigt und wurde deshalb in das Kontextmenü integriert.

1. Klicken Sie das ❶ Desktop-Icon der gewünschten Anwendung mit der rechten Maustaste an.

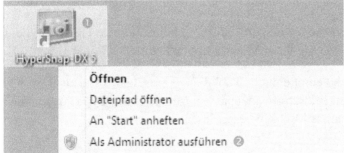

So weisen Sie dem Programm unter Windows 8 Administratorrechte zu.

2. Wählen den ❷ Eintrag **Als Administrator ausführen** aus dem Kontextmenü aus.

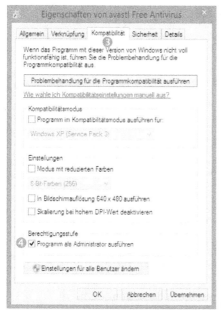

3. Sie können eine Anwendung auch grundsätzlich mit Administratorrechten starten. Klicken Sie dazu das Programm mit der rechten Maustaste an und wählen Sie im Kontextmenü den Eintrag **Eigenschaften** aus.

4. Klicken Sie auf das ❸ Register **Kompatibilität** und aktivieren dort die ❹ Option **Programm als ein Administrator ausführen**, wenn Windows das erlaubt.

So weisen Sie dem Programm Administratorrechte zu.

Lassen Sie sich die kürzlich verwendeten Dateien anzeigen

In den Vorgängerversionen wurden die zuletzt bearbeiteten Dateien im Startmenü angezeigt. Unter Windows 8 ist das aber leider nicht mehr der Fall. Abhilfe schaffen Sie mit einer Verknüpfung auf dem Desktop:

1. Drücken Sie <WIN>+<R> und geben Sie den ❶ Befehl **recent** ein.

*Starten Sie den **Ausführen**-Dialog.*

2. Anschließend bekommen Sie im Windows-Explorer die zuletzt bearbeiteten ❷ Dateien angezeigt, welche Sie mit einem Doppelklick aktivieren können.

3. Klicken Sie in der Adresszeile den ❸ Ordner **Recent** mit der rechten Maustaste an und halten Sie diese gedrückt.

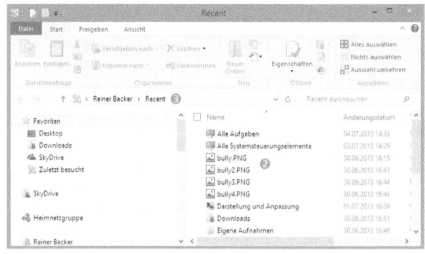

Lassen Sie sich die zuletzt bearbeiteten Dateien anzeigen.

4. Ziehen Sie den Ordner auf den Desktop und wählen Sie beim Loslassen der Maustaste den Eintrag **Verknüpfung hier erstellen**.

5. Drücken Sie die Taste <F2> und geben Sie der Verknüpfung eine passende Bezeichnung.

Tipp! Wenn Sie die Verknüpfung lieber in die Startseite als Kachel integrieren möchten, klicken Sie die Verknüpfung mit der rechten Maustaste an und wählen den ❹ Eintrag **An ‚Start' anheften**.

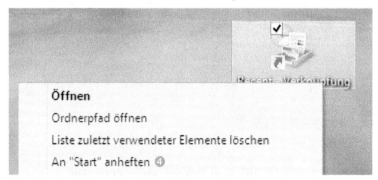

Pinnen Sie die Verknüpfung auf die Startseite.

Erweitern Sie das Kontextmenü

Wie in anderen Windows-Versionen ruft auch in Windows 8 ein Rechtsklick auf einen Ordner oder eine Datei das Kontextmenü mit häufig benötigten Befehlen auf.

1. In Windows 8 sind jedoch viele nützliche Befehle standardmäßig verborgen. Besonders die Einträge im **Senden an**-Menü sind voreingestellt sehr abgespeckt.

2. Um sich ❶ alle Einträge anzeigen zu lassen, halten Sie die Taste **<Shift>** gedrückt, während Sie mit der rechten Maustaste auf den gewünschten Ordner bzw. die gewünschte ❷ Datei klicken.

Blenden Sie bei Bedarf die verborgenen Befehle im Kontextmenü wieder ein.

Konfigurieren Sie die Taskleiste

Wollen Sie Funktion und Gestaltung der Taskleiste anpassen, klicken Sie dazu mit der rechten Maustaste auf eine freie Stelle in der Taskleiste und wählen im Kontextmenü den Eintrag **Eigenschaften**. Wechseln Sie anschließend auf das Register **Taskleiste** und stellen Sie das Verhalten der Taskleiste über die verschiedenen Optionen ein.

1. Wechseln Sie anschließend auf das ❶ Register **Symbolleisten**. Hier können Sie verschiedene Optionen aktivieren.

2. Durch das Aktivieren der ❷ Option **Desktop** erscheint rechts in der Taskleiste eine Schaltfläche, über die Sie die Desktop-Struktur aufklappen und bestimmte Einträge schnell aufrufen können. Über die Option **Adresse** aktivieren Sie ein Eingabefeld zum Schnellaufruf von Internetseiten.

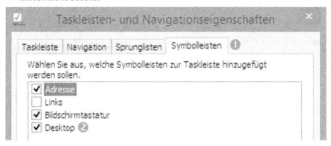

Zusätzlichen Nutzen bringen die Symbole in der Taskleiste.

So können Sie das Verhalten der Gruppierung beeinflussen

Sie möchten die Gruppierung weiterhin aktiviert haben, jedoch die Definition wann gruppiert wird, verändern? Das geht ganz einfach:

1. Klicken Sie mit der rechten Maustaste auf eine freie Stelle in die Taskleiste.

2. Wählen Sie aus dem Kontextmenü den Eintrag **Eigenschaften**.

3. Auf dem ❶ Register **Taskleiste** können Sie unter ❷ **Schaltflächen der Taskleiste** die Gruppierung ändern.

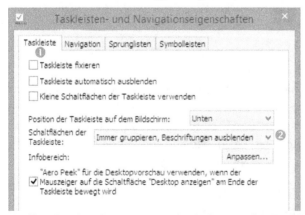

Stellen Sie das Gruppierungsverhalten in der Taskleiste ein.

Optimieren Sie den Infobereich

Das Aussehen des Infobereichs im rechten Teil der Taskleiste können
Sie individuell einstellen. So legen Sie beispielsweise fest, welche
Programmsymbole angezeigt werden sollen und welche nicht.

1. Klicken Sie mit der rechten Maustaste auf eine freie Stelle in der
Taskleiste und wählen Sie die **Eigenschaften**.

2. Klicken Sie auf das Register **Taskleiste** und anschließend im
Infobereich auf die ❶ Schaltfläche **Anpassen**.

3. Wählen Sie in der ❷ Spalte **Verhalten** die Einstellungen für das
jeweilige Symbol.

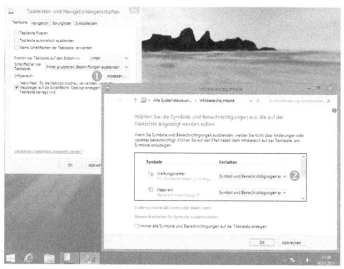

Passen Sie die gewünschten Symbole an.

Optimieren Sie die Startdateien

Für einen schnellen Zugriff auf Ihre Dateien ist eine regelmäßige
Defragmentierung auch dann Pflicht, wenn Sie das NTFS-Dateisystem
einsetzen. Starten Sie dazu den Windows-Explorer (<**WIN**>+<**E**>).
Klicken Sie das betreffende Laufwerk mit der rechten Maustaste an und
wählen Sie aus dem Kontextmenü den Eintrag **Eigenschaften**. Wechseln
Sie zum Register **Tools** und klicken Sie auf **Optimieren**.

Neben der „herkömmlichen" Defragmentierung existiert aber noch eine undokumentierte Option, mit der Sie zusätzlich die Startdateien defragmentieren können. Zusätzlich werden diese in den äußeren Bereich Ihrer Festplatte verlegt, um einen schnellstmöglichen Zugriff zu bewirken.

1. Drücken Sie dazu **<WIN>+<R>**, um den ❶ **Ausführen**-Dialog anzuzeigen.

2. Geben Sie den ❷ Befehl **defrag c: -b** ein und bestätigen Sie mit **<Return>**.

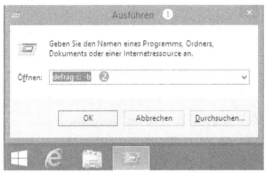

c: steht für das Laufwerk, das defragmentiert werden soll, und der Schalter b bewirkt das Optimieren der Startdateien.

Planen Sie die regelmäßige Ausführung der Datenträgerbereinigung

Die Datenträgerbereinigung stellt eine bequeme Möglichkeit zum Löschen von nicht mehr benötigten Dateien und zum Freigeben von Speicherplatz auf der Festplatte dar. Automatisieren Sie deshalb die regelmäßige Ausführung der Datenträgerbereinigung.

1. Drücken Sie die Tastenkombination **<WIN>+<X>** und wählen Sie den Eintrag **Systemsteuerung** aus.

2. Klicken Sie auf **System und Sicherheit – Verwaltung** und doppelt auf **Aufgabenplanung**.

3. Klicken Sie auf das Menü **Aktion** und auf **Einfache Aufgabe erstellen**.

4. Geben Sie einen sprechenden Namen und optional eine Beschreibung für den Task ein.

5. Klicken Sie auf **Weiter** und wählen die Option **Wöchentlich**.

6. Bestätigen Sie mit **Weiter** und geben Sie den Zeitplan an, den Sie verwenden möchten.

7. Klicken Sie auf **Weiter** und wählen die Option **Programm starten**.

8. Nach einem Klick auf **Weiter** geben Sie im Feld **Programm/Skript** den ➊ Eintrag **cleanmgr.exe** ein.

9. Betätigen Sie die ➋ Schaltfläche **Weiter** und **Fertig stellen**.

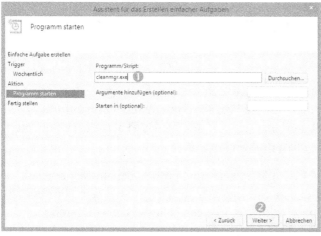

Automatisieren Sie Vorgänge durch die Aufgabenplanung.

Setzen Sie die Datenträgerverwaltung ein

Die Datenträgerverwaltung ist in Windows 8 die Schaltzentrale für alle Einstellungen, die Massenspeicher betreffen. Sie erreichen die Datenträgerverwaltung am schnellsten über den direkten Aufruf:

1. Nach Drücken der Tastenkombination <WIN>+<R>, geben Sie **compmgmt.msc** ein und drücken <Return>.

2. Klicken Sie in der angezeigten Struktur auf den ➊ Eintrag **Datenträgerverwaltung**.

3. Klicken Sie den gewünschten Datenträger mit der rechten Maustaste an.

4. Über das jeweilige ❷ Kontextmenü zu einem Datenträger können Sie einen Datenträger formatieren, verkleinern, ein logisches Laufwerk öffnen oder Laufwerksbuchstaben und Pfad ändern. Um das Kontextmenü anzuzeigen, klicken Sie den Datenträger mit der rechten Maustaste an.

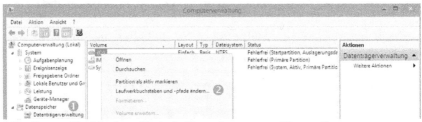

Mit diesem Tool haben Sie jede Festplatte unter Kontrolle.

Kontrollieren Sie die System-Sicherheit

Alle wichtigen Sicherheitsfunktionen sind im Wartungscenter von Windows 8 gebündelt, das Sie über die **Systemsteuerung** aufrufen können. In der Kategorienansicht öffnen Sie das **Wartungscenter** mit einem Klick auf **System und Sicherheit**.

Das Wartungscenter ist ständig aktiv und prüft dabei alle sicherheitsrelevanten Einstellungen. Sie erkennen dies meist an einem Hinweis rechts unten über der Taskleiste. In diesen Hinweisen werden Sie beispielsweise über fehlende Updates oder über ❶ gefährliche Software informiert. Weitere Informationen und Vorschläge zur Lösung des Problems erhalten Sie über die ❷ Schaltfläche **Details anzeigen**.

Wichtige Hinweise meldet das Wartungscenter automatisch.